2000 let
Těla Kristova
Historie Církve pro začátečníky

David Pawson

ANCHOR

Copyright ©2025 David Pawson Ministry CIO

Přeloženo z anglického originálu:
Where has the Church been for 2000 years? Church history for beginners
2000 let Těla Kristova - Historie Církve pro začátečníky

The right of David Pawson to be identified as author of this Work has been asserted by him in accordance with the Copyright, Designs and Patents Act 1988.

First published in Great Britain in 2025 by
Anchor which is a trading name of David Pawson Publishing Ltd
Synegis House, 21 Crockhamwell Road, Woodley, Reading RG5 3LE

Všechna práva vyhrazena.
No part of this publication may be reproduced or transmitted in any form or by any means, electronic or mechanical, including photocopy, recording or any information storage and retrieval system, without prior permission in writing from the publisher.

Překlad: Karolina Limrová

FOR FREE DOWNLOADS
www.davidpawson.org

For further information, email:
info@davidpawsonministry.org

ISBN 978-1-917360-15-9

Printed by Ingram Spark

2000 LET TĚLA KRISTOVA

Obsah

	Předmluva	7
1	Jak prvotní církev získala svět (30–400 po Kr.)	9
2	Jak svět pronikl do rané církve	31
3	Temný věk (400–1000)	37
4	Středověk (1000–1500)	45
5	Reformace	57
6	Reformátoři, římští katolíci a radikálové	73
7	17. století	91
8	18. století	105
9	19. století (1) (1800–1850)	125
10	19. století (2) (1850–1900)	141
11	Několik událostí 20. století	157
12	Církev budoucnosti	173

PŘEDMLUVA

Tato kniha vzešla z neformálních večerních přednášek v době, kdy jsem sloužil jako pastýř ve dvou baptistických sborech – v Chalfont St. Peter v Buckinghamshire a v Guildford v Surrey. Do určité míry to ovlivnilo její podobu a obsah:
1. Uvolněný literární styl je způsobený přepisem zvukových nahrávek.
2. Událostem v Anglii je věnováno více pozornosti než jiným částem Evropy.
3. Nepokrývá období posledních padesáti let, které známe z vlastní zkušenosti.

Tehdy jsem zjistil, že o událostech, které se odehrály od novozákonní doby do dneška, ví mnoho členů sboru velice málo, nebo dokonce vůbec nic. Proto si neuvědomovali, jak silně je ovlivňuje tradice, kterou si lidé během staletí vytvořili. Studium těchto událostí nám však může přinést poučení a povzbuzení.

Poučení, protože „ti, kteří si nepamatují minulost, jsou odsouzeni k tomu, aby ji prožili znovu". Většina omylů a chyb, kterých se dopouštíme, se už někdy v minulosti stala. Abychom se jim vyhnuli, můžeme se učit od svých předků. A povzbuzení, protože naše dědictví je tak bohaté, že by bylo pošetilé je ignorovat. Můžeme se inspirovat příkladem duchovních velikánů, kteří nás předcházeli, a koneckonců se zároveň i těšit, až se s nimi osobně setkáme ve slávě.

Vítanou součástí našich setkání bylo zakončit „lekci" zpěvem duchovních písní napsaných v době, kterou jsme právě probírali. To nám umožnilo přímé setkání s jejich láskou k našemu Pánu. Člověk, který se při uctívání zaměřuje jen na současné písně, se připravuje o poklady pohřbené ve starých zpěvnících.

Nehodlám předstírat, že tato kniha kompletně nebo alespoň dostatečně pokrývá dějiny církve. Přistupujte k ní jako ke sbírce impresionistických skic. Mým hlavním cílem bylo, abychom z minulosti získali poučení pro naše vlastní poslání v přítomnosti.

J. David Pawson

/ *Kapitola první* /
JAK PRVOTNÍ CÍRKEV ZÍSKALA SVĚT
(30–400 po Kr.)

Do celé země pronikl jejich hlas, do nejzazších končin obydleného světa jejich výroky. (Římanům 10,18)

Je to ten nejúžasnější příběh. Začalo to hrstkou rybářů. V letech 30 až 400 po Kristu se však křesťanství rozšířilo do celého tehdy známého světa a nahradilo řadu jiných náboženství. Dosáhli toho bez armády (ale bojovali zdatně), bez peněz, bez vlivných lidí a dokázali to tváří v tvář moci a síle Římské říše, která stála proti nim. Rád bych se vám pokusil vysvětlit, jak takového vítězství dosáhli.

Skutky apoštolů zachycují prvních třicet let historie církve, tedy přibližně období 30–60 n. l. Tím však příběh neskončil. Obsah Skutků lze stručně shrnout takto: jak se dobrá zpráva rozšířila z Jeruzaléma až do Říma — z hlavního města víry do hlavního města sekulárního světa. Docházelo k tomu však postupně.

Popišme si, jaké podmínky vládly na konci novozákonního příběhu. Novým věřícím velmi pomáhaly následující skutečnosti:
» Kvalitní římské cesty umožňovaly přístup do celého středomoří.
» Hovořilo se jedním společným jazykem – řečtinou.
» Byl mír – známý *Pax Romana*.
» Mohli cestovat z jedné země do druhé, aniž potřebovali cestovní doklady.
» Ve většině velkých měst i v některých menších žily skupinky Židů, kteří již znali písma Starého zákona a byli připraveni naslouchat.
» Celá říše byla morálně i duchovně nemocná.

2000 LET TĚLA KRISTOVA

V každém případě dosáhli úžasného triumfu! K lidem, kteří rozšířili církev, patřili oficiálně jmenovaní misionáři (*apoštolové*, jak je nazývá Nový zákon), ale většinou se jednalo o obyčejné muže a ženy. Prvními zakladateli sborů ve starověkém světě byli obchodní cestující. Patrně nikdo nedokáže říct, kdo založil církev v Římě. Pavel to nebyl a navzdory tomu, co někteří tvrdí, Petr také ne. Zdá se, že tamní sbor založili obyčejní lidé, kteří z nějakého důvodu museli cestovat do Říma.

Církev netvořily vlivné osoby (viz 1. Korintským 1, 26–31), a patřili do ní i otroci, kterých žilo v tehdejší Římské říši šedesát milionů. Jak se těmto raným křesťanům mohlo podařit získat Římskou říši, když neměli budovy, denominační vedení, finanční zdroje ani žádné výbory? Jejich organizace byla zcela prostá. Měli jen místní skupinky křesťanů, kterým říkali církve (pozn. vydavatele: pro místní církev je v textu rovněž používáno slovo sbor, pro odlišení od církve ve smyslu denominace). Každá z těchto církví měla své starší, kteří ji vedli duchovně, a diakony, kteří sloužili v praktických věcech. Mezi církvemi cestovali apoštolové; zakládali nové církve a fungovali jako průkopníci. Dále tu byli evangelisté, kteří přicházeli kázat evangelium a obracet lid k Bohu, a proroci, kteří vyřizovali Boží slovo. Je to jediný typ organizace, kterou můžeme v Novém zákoně najít.

I jejich způsob uctívání byl velmi prostý. Nově uvěřivší křtili ponořením do vody. Večeři Páně slavili chlebem a vínem a jejich uctívání bylo směsí ustálených i vlastních modliteb. Všechno je to jasně vidět v Novém zákoně. Ve společenství se modlili a také rádi zpívali, ačkoli neměli k dispozici hudební nástroje ani pěvecké sbory. Zpívali starozákonní žalmy, křesťanské duchovní písně a písně v Duchu (což je zvláštní forma zpěvu v Duchu svatém známá pouze křesťanům). Tak vypadal jejich život!

Šířili se z místa na místo. Náš příběh začneme vyprávět v roce 60, na konci knihy Skutků. Rád bych vám popsal, jak se tehdejší maličké skupinky křesťanů, které se nacházely v každém důležitém městě východního pobřeží Středozemního moře, rozšířily z nenápadného hnutí až do té míry, že se pohanské chrámy vylidnily, a Římská

Jak prvotní církev získala svět (30–400 po Kr.)

říše včetně svého císaře najednou chodila v neděli do církve, aby uctívala Ježíše Krista! Jak to dokázali? Uvědomili si, že křesťané musí vybojovat tři hlavní bitvy. Lidem v prvních čtyřech stoletích se podařilo zvítězit v každé z nich. Byly to: duchovní bitva, která začala se Židy, duševní bitva, která začala s Řeky, a tělesná bitva, jež začala s Římany. Dnes se těchto tří bitev účastníme my. Z dějin se můžeme poučit, jak bojovat, a jakou cenu musí zaplatit voják Pána Ježíše Krista.

DUCHOVNÍ BITVA – PROTI JINÝM NÁBOŽENSTVÍM

Dnes je populární myšlenka, a byla i tehdy, že se křesťanství musí spojit s ostatními náboženstvími. Náboženství jsou prý ve své podstatě stejná, všichni míříme ke stejnému Bohu, všichni skončíme na stejném místě. Křesťanství je prý jen jedním z mnoha náboženství, která mezi sebou můžeme porovnávat nebo mezi nimi rozlišovat. Jednou jsem vezl mladého stopaře. Byl to student, a tak jsem se ho zeptal:

„Co studuješ?"

„Chci být učitelem."

„Co budeš učit?"

„Náboženství."

„Aha, takže věříš v Boha?"

„Ne, nevěřím."

„Tak proč chceš učit náboženství?"

„Hodlám děti učit všem světovým náboženstvím a ukázat jim, že jsou všechna vlastně stejná."

Tohle je bitva, kterou museli vybojovat v prvních čtyřech stoletích. Museli bojovat za pochopení skutečnosti, že křesťanství je jedinečné a že jej nelze jen přidat ke stávajícím náboženstvím. Není možné je míchat s žádným z nich. Pokud by to tehdy udělali, mělo by to fatální důsledky. Kdyby křesťané v prvních čtyřech stoletích tuto bitvu vzdali, pak bychom se dnes nesetkávali o nedělích s ostatními věřícími a dost možná bychom vůbec neslyšeli o Ježíši Kristu. Byla to duchovní bitva a začala s Židy.

2000 LET TĚLA KRISTOVA

Drobný nástin nalezneme už v Novém zákoně. Najdeme tam Židy, jak říkají křesťanům: „Musíte své náboženství spojit s tím naším." Úplně první člověk, který měl položit život ve jménu Ježíše Krista, před svou smrtí prohlásil: „Nikdy nepromísíme křesťanství s judaismem. Judaismus byl překonán." Jmenoval se Štěpán, a přestože argumentoval velmi zdatně, laskavě a neústupně, že křesťanství nelze spojit s židovským náboženstvím, oni se rozzlobili tak moc, že ho vyvlekli za městské hradby a ukamenovali k smrti. Štěpán se stal prvním mučedníkem. Zemřel pro jednu jedinou věc: křesťanství se nemůže mísit s žádným jiným náboženstvím. Je jedinečné. A to proto, že je neslučitelné s ostatními. A je neslučitelné, protože Ježíš je jediným Božím Synem a protože Ježíš jej učinil jedinečným, když řekl: „K Otci vede jen jedna cesta, a to skrze mne!" To znamená, že pod nebem není spása v žádném jiném jménu, kromě jména Ježíš. Sám Ježíš věděl, že křesťanství nelze s židovským náboženstvím spojit. Prohlásil, že by to bylo jako nalévat nové víno do starých měchů. Jako bychom k zašití díry na starých šatech použili kousek látky, který dosud nebyl vyprán a ještě se nesrazil. Dříve nebo později byste zjistili, že se to trhá. Tyto dvě věci nemůžete míchat dohromady. O toto se tvrdě bojovalo. Pavel se tohoto boje účastnil. Petr byl do něj vtažen proti své vůli. Bůh ho musel naučit lekci; a bojovali i další, jak se můžeme přesvědčit v dopisu Židům.

Nakonec, bylo to v roce 70 po Kristu, jeruzalémský chrám padl. Zničili ho římští vojáci. Mohli byste si myslet, že tím skončily pokusy míchat křesťanství s židovským náboženstvím, ale to se nestalo. Později se objevují zmínky o podivných sektách Nazarénů a Ebionitů – lidí, kteří se pokoušeli vměstnat křesťanství pod židovský zákon. Dělali to tři sta let. Lidé, kteří se v dnešní době snaží o totéž, se nazývají Adventisté sedmého dne – mnozí z nich jsou dobří křesťané, ale pokoušejí se nás přivést zpět pod zákon o šabatu sedmého dne. Je to bitva, kterou nesmíme přestat bojovat. Je velmi aktuální. Nakonec bylo ustanoveno, že se můžete stát křesťanem, aniž byste se museli zároveň stát Židem – a bitva byla vybojována! Křesťanství se stalo jedinečným.

Jak prvotní církev získala svět (30–400 po Kr.)

Jakmile zvítězili na této straně bojiště, skočili rovnýma nohama na jinou. Jak to bylo s dalšími náboženstvími? Pokud byste chtěli studovat druhy náboženství, studujte Římskou říši. Jakékoliv náboženství vás napadne, najdete jej tam. Pokud jste se vypravili do tehdejšího římského náboženského „supermarketu", mohli jste si pořídit jakoukoli modlu, kterou jste si přáli. Vybrat si náboženství bylo snadné.

Vzpomínám si na svou návštěvu Pantheonu – jedné z nejúžasnějších staveb, jaké jsem kdy viděl. To jméno znamená *Dům všech bohů*. Byl postaven v Římě 27 let před Kristem a po 2000 letech stále stojí. Vypadá téměř jako Royal Albert Hall[1], jen trochu menší, s otvorem uprostřed střechy a ohromným klenutým stropem. Na rozdíl od Albert Hall je však prázdný, kromě výklenků lemujících jeho obvod, kde byli umístěni všichni bohové Římské říše. Jakmile se na území impéria objevilo nové náboženství, jeho bůh dostal svůj výklenek. Taková byla tehdejší pravidla – politika, které říkáme *synkretismus*, v překladu: *namíchej si své náboženství*. A protože Římská říše stále rostla a přicházeli noví lidé s novými náboženstvími, v Pantheonu přibývalo nových bohů.

Jeden z výklenků nabídli také křesťanům, aby v něm postavili sochu Ježíše Krista. Křesťané řekli: „Nikdy!" Ježíš tehdy do Pantheonu nevešel. Když jsem však vstoupil dovnitř já, všechny výklenky byly prázdné, kromě jednoho – tam stála socha Ježíše. Pantheon totiž převzala církev, a tak nyní slouží jako místo pro bohoslužby. Je to zajímavé. Svět by dnes smýšlel o Ježíši úplně jinak, kdyby ho kdysi postavili do výklenku po boku všech ostatních.

Byla to bitva, kterou museli vybojovat. Prohlásili: „Své náboženství nikdy nespojíme s ostatními." Způsobilo jim to nemalé problémy, protože Římané si všechna náboženství evidovali. Když jste byli registrováni, stali jste se *religio licita* (*zákonným věřícím*; pozn. překladatele). Vaše víra už nestála mimo zákon, byli jste věřícími dle

---

1 Londýnská budova, kde se pořádají kulturní akce; poznámka vydavatele.

zákona, vaše náboženství bylo přidáno na seznam a stalo se legálním. Možná si říkáte: „Je to nerozum. Zbytečně riskovali." Ale oni řekli: „Nepřidáme křesťanství na soupis náboženství. Nejsme žádné náboženství. Jsme následovníci Ježíše Krista." Ostatní náboženství v Římě postupem času zakořenila a nakonec se ve výklenku ocitla i socha Caesara. Tehdy ho prohlásili za boha. Římská říše tak vyhlásila: naším náboženstvím je uctívání Caesara; od nynějška se budete modlit k Caesarovi; od nynějška budete Caesarovi pálit kadidlo; od nynějška budete říkat „Caesar je Pán". A tehdy začala pro křesťany tělesná bitva. Více si o ní povíme později.

Zajímavé je, že obviňování z ateismu bylo oboustranné. Římané z něj obviňovali křesťany a křesťané Římany. Na jakém základě? Inu, Římané říkali: „Vy, křesťané, jste ateisté, protože nevěříte v římské bohy." A měli pravdu. Křesťané říkali: „Jsou to jen modly. Tito bohové neexistují." Křesťané říkali Římanům: „Jste ateisté." Slovo *ateista* se v Bibli objevuje na jediném místě – v listě Efezským, ve druhé kapitole. Pavel tam jinými slovy říká: „Byli jste pohany, žili jste na tomto světě bez Boha a bez naděje." Slovo, které překládáme jako bez Boha, zní v originále *atheos*. Ateista tedy není někdo, kdo v Boha *nevěří*, ale kdo *je bez* Boha. Ateista může chodit do chrámu, klanět se modle, ale je bez Boha. Takový je pravý význam slova *ateista*. Existují miliony ateistů. Nejsou to však lidé bez náboženství. Modlí se. Když na ně trochu přitlačíte, přiznají, že věří v něco nebo někoho tam někde nahoře. Jsou to však ateisté – neznají Boha; v jejich životech chybí jeho milost, moc a jeho záchrana.

A tak Římané obviňovali křesťany: „Jste ateisté; nevěříte v bohy!" a křesťané zase říkali: „Vy jste ateisté; se všemi těmi vašimi bohy, nemáte skutečného Boha." Proto Pavel při návštěvě Athén prohlásil: „Viděl jsem všechny vaše oltáře." A pokračuje: „Nalezl jsem i oltář, na kterém je napsáno: ‚Neznámému bohu.' Přišel jsem s vámi promluvit právě o *tomto* Bohu, kterého neznáte." (viz Skutky 17,23).

Jedná se o duchovní bitvu, kterou musíme vybojovat i dnes. V jedné takzvané křesťanské církvi – nejznámějším sboru v Cambridge –

Jak prvotní církev získala svět (30–400 po Kr.)

sloužili bohoslužbu pro Světový kongres náboženství[2]. Na tento kongres přijeli buddhisté, hinduisté, baháisté, Židé a křesťané – tak různorodá směs náboženství. Sešli se ke společnému uctívání a předstírali, že všechna náboženství jsou vlastně jedno a totéž. Sešli se na bohoslužbě, kterou vedl muž ustanovený ke kázání evangelia. Tohle je bitva, kterou musíme vybojovat. Jestliže se dnes dějí takové věci, věřte mi, jde tu o *onu* bitvu budoucnosti. Získává totiž na síle hnutí vedoucí ke vzniku něčeho, co Bible předpovídá už od pradávna – *jednotného světového náboženství*. Křesťané k tomu říkají ne. Naše náboženství je unikátní. S žádným jiným se nespojí. Jednou z podmínek k účasti na výše zmiňované bohoslužbě byl zákaz zmiňování Krista. V tu chvíli byly karty vyloženy. Je to bitva, kterou budeme muset bojovat se stále větším nasazením. Odmítáme postavit Ježíše Krista naroveň Buddhovi, Mohamedovi či komukoli dalšímu. On je tím *jediným* Božím Synem. A odmítáme nalít křesťanství do misky s ostatními náboženstvími, promíchat je a říkat tomu *víra*. Tohle *odmítáme*.

Bible však předpovídá i skutečnost, že lidé, kteří to odmítnou, se dočkají doby, kdy si nebudou smět nakoupit jídlo, dokud nepřijmou jednotné světové náboženství. Nastane pronásledování. Může se stát, že k této bitvě dojde ještě za našich dnů. Už stojí na našem prahu a v našich sborech; je to bitva, kterou křesťané vybojovali v prvních čtyřech stoletích a zvítězili. Kdyby nebojovali, dnes bychom žádné křesťanství neměli. Chápete, proč píši o minulosti? Protože to není pouhá minulost – je to zároveň přítomnost.

DUŠEVNÍ BITVA, KTERÁ ZAČALA S ŘEKY

V další bitvě se nebojovalo proti náboženství, ale proti filozofii, a na opačné straně bitevního pole nestáli Židé, nýbrž Řekové. Řekové byli brilantními mysliteli, intelektuály a byli na své poznání pyšní. Byli to učenci, studenti a filozofové. Křesťanství dříve či později na intelektuály narazí. Nejhorší věcí, co se může stát, je když

---

[2] World Congress of Faiths; poznámka vydavatele.

2000 LET TĚLA KRISTOVA

intelektuálové uspějí ve snaze křesťanství pozměnit, a učiní z něj cosi, čemu říkají vylepšená verze. Použijí k tomu nejrůznější kompromisy a pravdu ohnou tak, aby lépe vyhovovala jejich intelektu. Tato bitva patří dodnes k těm největším, které musíme vybojovat. Křesťanství si nemůžeme upravovat, aby lépe vyhovovalo našemu uvažování. Stále mám spoustu otázek, na které se svým rozumem nedokážu odpovědět. Díky Bohu jsem však dospěl do bodu, kdy jsem připraven *věřit*, předtím než budu intelektuálně zcela uspokojen.

Pojďme se podívat, k čemu došlo. Tato bitva byla mnohem těžší, protože se odehrávala uvnitř církve, ne mimo ni. Je to boj, v němž se bojuje slovem a perem. Vzešly z něj jedny z nejlepších historických spisů, které z období rané církve máme.

Muž jménem Irenej napsal pět knih se souhrnným názvem Proti bludům. Díky Bohu, že to udělal. Patřil k největším válečníkům této bitvy. Jiný muž, Órigenés, napsal v průběhu bitvy 6000 knih, dopisů a pojednání. Jen si představte, jaké úsilí musel vynaložit. Mám malou knížečku, která obsahuje velkou část těchto spisů – jejich slova jsou *zbraněmi* v tomto boji. Podíváme se na několik věcí, které tehdy museli vybojovat.

Jedním z těch, kdo stáli na druhé straně bitvy, byl Markión. Tento Markión říkal: „Nemám rád Boha hněvu a nechápu Boha Starého zákona. Jsem si jistý, že starozákonní Bůh je úplně jiný než Bůh Nového zákona a Ježíš." Takové věci mi říkají mladí lidé i dnes. A pokračoval: „Starý zákon z Bible odstraníme; budeme lidmi Nového zákona." A tak ho odstranil. Pak ale ke své nelibosti zjistil, že musí ořezat také některé části Nového zákona. Vůbec se mu nelíbila kniha Zjevení. Příliš mu připomínala Starý zákon. Takže pryč s ní. S nůžkami v rukou se pak podíval na Pavla a prohlásil: „Víte, Pavel řekl pár pěkně nechutných věcí." Šmik. Poté objevil, že se dokonce i v evangeliích nacházejí pasáže, ze kterých neměl ani trochu radost. Ježíš řekl pár věcí, které by říkat neměl. Markión byl prvním člověkem, který zjistil, že jakmile na Bibli použijete nůžky, nemůžete přestat.

Jak prvotní církev získala svět (30–400 po Kr.)

Byla to jedna z prvních bitev. Markión došel k závěru, že existují dva bohové – Bůh Starého zákona a Bůh Nového zákona. Je to hereze, s níž se musíme potýkat dodnes. V této bitvě bojovali už mnozí. Starý i Nový zákon a vůbec celé Boží slovo dnes můžeme číst díky tomu, že Markión svůj boj prohrál. Křesťané totiž řekli: „Budeme se držet celého Slova, a to bez ohledu na to, že je těžké porozumět některým textům Starého zákona, a někdy i těm novozákonním. Jakkoli těžké to může být pro náš rozum, nebudeme Knihu ořezávat a ponechávat jen to, čemu rozumíme." Bitva byla vyhrána a my dnes můžeme číst celou Bibli.

Mnohem větší potíže způsobil *gnosticismus*. Gnostik stojí v protikladu s agnostikem. Agnostik je člověk, který neví, gnostik naopak ví. Po světě chodilo mnoho Řeků, kteří tvrdili: „Já jsem gnostik! Já vím!" Mnoho vševědálků, kteří kritizovali křesťanství. Co bylo základní chybou takového způsobu myšlení? Jednalo se o směs nejrůznějších názorů. Některé pocházely z Egypta, jiné z Persie a některé patrně i z Indie. Základem této filozofie ale bylo přibližně toto: duchovní věci jsou dobré, materiální jsou špatné. Tímto způsobem uvažuje spousta lidí dodnes. Do této pasti se mohou chytit dokonce i ti, kteří se nazývají křesťany, a začít tak uvažovat. Podívejme se, kam to vede. Říkají: „... pokud je hmota špatná, nemohl ji stvořit Bůh." A to vede k popření základní pravdy. Potom prohlásí: „Jestliže je hmota špatná, Ježíš nemohl přijít v těle." Začnou tedy vyučovat, že Ježíšovo tělo jako tělo pouze vypadalo, ale ve skutečnosti to byl celou dobu jen přízrak. Nebyl skutečný a nikdy nezažil, co je hlad nebo únava. Potom zašli dál, a řekli: „Ježíš nemohl zemřít, protože umírají pouze hmotné bytosti a hmota je zlá, ale Ježíš zlý není." Potom pokročili ještě dál, když prohlásili: „Myšlenka o vzkříšení těla je směšná."

A tak se to celé stalo. Začali chybným předpokladem, že hmotné věci jsou zlé a duchovní dobré. A všechny další myšlenky, které z toho vzešly, byly špatné. Stejným způsobem se dnes mýlí Křesťanská věda (Christian Science), která je moderní formou tohoto myšlenkového směru. Tato prastará bitva trvá a my ji bojujeme i dnes.

2000 LET TĚLA KRISTOVA

Největší myslitelé církve se tehdy rozhodli s tímto problémem vypořádat. Pokud chcete vědět, proč Jan sepsal evangelium a proč napsal svůj první list, odpověď zní, že bojoval proti takovému myšlení v církvi. Řekl: „Poslouchejte. To Slovo bylo Bůh a Slovo se stalo tělem. Už vám to dochází?" A také řekl: „Čeho jsme se dotýkali a co jsme viděli, to vám zvěstujeme – Ježíše!" Již Jan s tím bojoval a ten boj trval ještě zhruba 150 let. Gnostici tvrdí, že Ježíš, Syn Boží, nikdy nebyl člověkem. Ale pokud popřete, že byl opravdu člověkem, popíráte víru. Vyříznete samotné srdce naší víry, že Ježíš byl schopen nám pomoci, protože stejně jako my chodil v těle; že zná pokušení, kterým čelíme, protože měl tělo, jako je to moje; že se skutečně stal člověkem. Tohle všechno by bylo popřeno.

Několik z těchto myslitelů stručně zmíníme. Proti gnosticismu psal v severoafrickém městě Kartágo Tertullianus, stejně jako Kléméns a Órigenés (oba z Alexandrie) či Cyprián. Díky tomu, že se nám většina jejich spisů dochovala, můžeme si přečíst, jakým způsobem svými pery a hlasy bojovali proti vlivu, který, jak věděli, mohl zničit křesťanskou víru.

Další střetnutí nebylo s tím, co se říkalo o Kristu, ale co lidé říkali o křesťanech. Pomlouvali je. Někdo tvrdil: „Jsou to kanibalové – slyšeli jsme, že jedí těla a pijí krev." Jiní zase prohlašovali: „Je to hnus – všechny ty sexuální orgie, které se v církvi dějí. Říkají tomu Hody lásky." Tvrdilo se dokonce, že křesťané nabodli na kůl oslí hlavu a uctívali ji. Některé ze spisů, které se nám dochovaly, pocházejí od lidí, kteří církev proti takovým pomluvám bránili. Bojovali duševní bitvu. Dnes jsme jim vděčni především za tři věci, které v průběhu této bitvy udělali.

První byla tato. Jak mohli s určitostí říci, co je pravá víra, když tento nový myšlenkový směr, „filozofické" evangelium, hlásalo tolik křesťanských kazatelů? Odpověď zní, že se rozhodli spojit všechny knihy, jejichž vznik sahal až do doby apoštolů, a nazvat je Písmem. Do roku 200 dali dohromady všechny knihy, které se datovaly až k apoštolům. Ti měli informace z první ruky, přímo od Ježíše. Takto vznikl Nový zákon. Biblický kánon vznikl jako důsledek této bitvy.

Jak prvotní církev získala svět (30–400 po Kr.)

(Mnozí lidé psali falešná evangelia o Ježíši, falešné Pavlovy epištoly a falešné knihy, o kterých tvrdili, že jsou pravdivé. Sám Pavel ve svém dopisu Tesalonickým napsal: „Nenechte se vylekat dopisem, který je vydávaný za náš. Mé dopisy jsou vždy podepsány mou vlastní rukou.") Druhou věcí, kterou udělali, bylo vyhlášení něčeho, čemu dnes říkáme krédo – *vyznání víry* (z latinského credo – věřím). V reakci na prohlášení gnostiků sepsali seznamy věcí, kterým věří. Takto začíná jeden z nich: „Věřím v Boha, Otce všemohoucího, Stvořitele nebe i země." Gnostici říkali: „Hmotné věci jsou špatné, proto je nemohl stvořit Bůh." Křesťané řekli: „Věřím v Boha, Otce všemohoucího, Stvořitele nebe i země, i v Ježíše Krista, jeho jediného Syna, jenž byl počat z Ducha svatého, narodil se z Marie Panny..." Nebyl žádným přízrakem. Byl počat. Narodil se. A vyznání pokračuje: „Trpěl pod Pilátem Pontským, byl ukřižován, zemřel a byl pohřben." Skutečně zemřel! Na kříži viselo skutečné tělo! A pokračujeme dál: „Věřím ve vzkříšení těla a život věčný." Bojovali v této bitvě a říkali: „Tomu věříme." A my dodnes můžeme odříkávat vyznání víry a prohlašovat: „My tomu věříme také!"

Třetí věcí, kterou dělali, bylo pořádání setkání a koncilů; ne proto, aby řešili organizaci církve, ale aby se sdíleli o průběhu bitvy, pevněji se semkli a bojovali boj o víru. Křesťané to dělají dodnes.

Tato bitva probíhá i *dnes*. Filosofický směr, kterému čelíme, však není gnosticismus, ale *existencialismus*. I kdybyste toto slovo dosud neslyšeli, setkáváte se s ním každý den. Najdete ho v knihách Jean-Paula Sartra. Uslyšíte ho v Debussyho hudbě. Uvidíte v dílech od Picassa. Najdete ho v současné kultuře. Najdete ho v komunitě uživatelů drog. Objevuje se v tolik citovaném prohlášení Marshalla McLuhana, že „médium je samo o sobě zprávou". Na teologickém poli ji najdete ve spisech Bultmanna, Tillicha a dalších. Jejich jména vám možná nic neříkají, ale jména dvou mužů, kteří tento myšlenkový směr zpopularizovali ve 20. století, budou některým z vás povědomá: John Robinson, který působil jako biskup ve Woolwichi, a Howard Williams, svého času prezident Jednoty Baptistů (Baptist Union). Patřili k lidem (a od té doby se objevili mnozí další), kteří upravili křesťanství na pohanskou filozofii, jež je v základu ateistická a představuje Boha jako neosobního nebo dokonce neexistujícího.

Slyšeli jste frázi: „Bůh je mrtvý"? Tak to dopadne, když tuto filozofii následují křesťanští teologové. Taková duševní bitva vyžaduje ty nejlepší mozky, které jsme schopni nalézt. Je třeba v ní používat slova a pera i odvahu říci, že toto není křesťanská víra.

Měli bychom odmítnout, aby v našich sborech kázal kdokoliv, kdo „existenciální" filozofii hlásá. Je to boj. Možná nejsme povoláni, abychom jako mnozí jiní bojovali v tělesných bitvách. A možná jste si mysleli: „Dnes je snadné být křesťanem." Ale ono to není snadné; je to jiný druh boje a v jistém smyslu mnohem nenápadnější, a proto i obtížnější. Tělesný boj je přímočarý. Víte, na čem jste. Víte, že budete trpět. Víte, na jaké straně stojíte. Ti druzí popírají to, za čím si stojíte. Vy na tom trváte. Jedná se o přímočarý boj, ačkoli bezesporu těžký. Ale bitva, kterou dnes musíme bojovat, je tato duševní bitva. Raná církev ji bojovala a zvítězila. Je zajímavé, že jedna z věcí, proti které bojovali, se vrátila spolu se Svědky Jehovovými. Ačkoli si to neuvědomují, je to 1700 let stará záležitost. Bojujeme proti tomu i nyní.

Jednání ve jménu Krista – to je ten problém. Když někdo přijde ve jménu ďábla, hned víte, oč běží. Jenže když přijde ve jménu Ježíše Krista a prohlásí: „Tohle je nová teologie, nová etika, nové evangelium, nové křesťanství," je na vás říct: „Žádné *nové* křesťanství neexistuje. Je pouze to *staré*." A rázem se ocitáme v boji o víru, kterou obdrželi naši předchůdci. V prvních čtyřech stoletích zuřil tento boj uvnitř církve a oni zvítězili. Díky tomu dnes máme církev.

TĚLESNÁ BITVA, KTERÁ ZAČALA S ŘÍMANY

Církev v prvních čtyřech stoletích nikdy nepoužívala k šíření evangelia fyzického nátlaku (inkvizice měla přijít později). Získávali lidi pro Pána láskou, proti nim však byl fyzický nátlak používán znovu a znovu.

Proč křesťané tolik trpěli? Jedni si myslí, že za to mohly pomluvy a klepy (o „kanibalismu" a „orgiích"). Další říkají, že kvůli jejich neochotě přijmout společenské zvyky, jako jsou modlářství a hry v římských arénách. Jiní se domnívají, že si to způsobili netolerancí

Jak prvotní církev získala svět (30–400 po Kr.)

vůči jiným náboženstvím. Říkalo se, že byli tajemným spolkem, který ohrožoval vnitřní bezpečnost říše. Chci vám říct, že to nebyla ani jedna z těchto věcí.

Důvod, proč tolik věřících trpělo, nám odkrývají Ježíšova slova: „Nenáviděli mne bez příčiny." Toto je jediné možné vysvětlení utrpení křesťanů – žádný důvod neexistuje. Lidé v hloubi svých srdcí tak moc nenávidí Boha, že bez příčiny nenávidí i křesťany. Svět chová vůči křesťanům iracionální odpor. Na protikřesťanském postoji je něco nevysvětlitelného. Odvrácenou stranou antisemitismu je chování Židů vůči křesťanům. Byli to právě Židé, kteří křesťanům působili utrpení jako první. Stále znovu a znovu. Nebyl pro to důvod. Dovolte, abych vám k tomu něco řekl. Nechci vám nijak hrát na city, ale povím vám o několika mučednících a o jejich utrpení.

Začalo to za vlády Nera v roce 64. Před lety jsem navštívil pozůstatky zahrad Neronova paláce. Je to překrásné místo plné květin, ale věděl jsem, že půda pod nimi je nasáklá krví. Šílený císař Nero, ve své touze přestavět Řím na světovou metropoli, město zapálil (jak se domnívají historici). A 14 ze 17 čtvrtí bylo srovnáno se zemí a stovky lidí uhořely. Říká se, že zatímco Řím hořel, Nero hrál na housle. Když ho však začali obviňovat, začal hledat obětního beránka a řekl: „Udělali to křesťané a my je za to uvězníme a potrestáme." A potrestal je pořádně. Uvěznil každého křesťana žijícího v dosahu Říma. Nechal stáhnout z kůže divoká zvířata, obléknout do nich křesťany a pak na ně poštval psy. Utínal jim hlavy. Křižoval je. Nakonec, aby ukojil svou zvrácenost, je nechal polít smůlou, ještě živé zavřít do sudů a zapálit, aby mu osvětlovali zahradu. On sám přitom jezdil kočárem kolem nich jako šílenec. To byl Nero.

Tak se rozhořela vlna utrpení křesťanů. Od té chvíle až do roku 300 si křesťané prošli deseti obdobími nejstrašnějšího pronásledování, jaké kdy církev zažila. Z jednoho pouličního výprodeje jsem si přinesl knihu s názvem *Foxe's Book of Martyrs*[3]. Bývala to povinná nedělní křesťanská četba. Někdy byste si ji měli přečíst. Ukazuje se v ní, že

---

3 Foxova kniha mučedníků; pozn. překladatele.

k datu jejího vydání neuplynulo v historii ani jedno desetiletí, které by nebylo poznamenáno utrpením křesťanských mučedníků. A to platí dodnes. Přečtěte si první kapitoly o počátcích pronásledování církve. K další velké vlně útlaku došlo kolem roku 100. Jednou z obětí tohoto pronásledování byl i muž jménem Jan, poslední z dvanácti apoštolů. Poslali ho do solných dolů; následně ho převezli na maličký ostrov jménem Patmos v Egejském moři, kde ho připoutali řetězy ke zdi jeho kobky. Z této vězeňské kobky vzešla kniha Zjevení. Můžete dát lidi pod zámek, ale jak napsal ze svého vězení Pavel: „Já mohu být v okovech, avšak Boží slovo není spoutáno."

V roce 110 začal v Malé Asii úřadovat nový guvernér Plinius. Když dorazil, šokoval ho pohled na vylidněné chrámy a modlářské svatyně zející prázdnotou. Zeptal se: „Co se děje? Toto jsou bohové velké Římské říše! Proč tu nikdo není?" Odpověděli mu: „To křesťané, je jich příliš mnoho." A jeho reakce? „Křesťané? Ti pověrčivci? Zavřete je." Nechal je uvěznit a přikročil k výslechům, aby zjistil, co jsou zač. Každý, kdo byl prozrazen, šel do vězení a potom na smrt. Plinius ale po nějaké době znejistěl. Mohl za to jednak počet křesťanů, kteří nepřestávali přicházet, a pak také kvalita jejich životů. Rozhodl se, že o těchto lidech musí zjistit víc. Jednou poslal svého zvěda na ranní bohoslužbu. Špeh se vrátil a hlásil Pliniovi: „Setkali se před svítáním. Zpívali písně Kristu jako Bohu. Potom složili přísahu – slibovali (latinsky *sacramentum*) Ježíši jako svému Pánu, že nebudou krást a že se nedopustí nevěry ani vraždy." Plinius z toho byl zmatený. Okamžitě napsal list císaři Traianovi. Stálo v něm: „Drahý Traiane, zatýkám křesťany a odsuzuji je k smrti, ale jsem poněkud zmatený z toho, co jsem zjistil. Co bych měl udělat?" Traianus mu odepsal: „Bude lepší postupovat obezřetně. Raději nevěnuj pozornost anonymním udáním." Tento příkaz situaci v Malé Asii skutečně ulehčil. Císař ale také řekl: „Pokud se zdá, že jde o protiřímské náboženství, musíš je prověřit. Požádej je, aby prohlásili: ‚Císař je Pán!', a pokud to neudělají, poprav je." Mnozí tedy umírali i nadále.

Přesuneme se o pár let dál k muži jménem Ignác. Jeho příběh je úžasný. V té době patřil k nejmladším služebníkům v církvi. Tehdy

Jak prvotní církev získala svět (30–400 po Kr.)

se jim říkalo biskupové. Každý sbor měl svého biskupa. Tehdy to bylo označení pro služebníka. Ignác byl biskupem v Antiochii. Římané ho uvěznili a musel podstoupit zkoušku. Odmítl, a tak jej přemístili do Kolosea v Římě, kde měl být předhozen šelmám. Jeho cesta do Říma se však stala slavným triumfem! Křesťané opouštěli domovy, aby mohli alespoň pár mil cesty kráčet vedle něj. Ve skutečnosti neušel snad ani míli, aniž by ho nějaký křesťan nedoprovázel. Přicházeli, putovali s ním, měli společenství a on s nimi mluvil, zatímco jeho cesta na smrt ubíhala. Co asi svým společníkům cestou na vlastní popravu vyprávěl? Říkal úžasné věci. Napíšu vám ale jen jednu. Řekl: „Nyní se stávám učedníkem. Každý, komu hrozí meč, je blízko Bohu. Každý, kdo se ocitne uprostřed šelem, ocitá se v Boží přítomnosti." Byl to muž, jenž kráčel na smrt. Každou noc psal dopisy, připoután k římskému vojákovi, který ho hlídal. Jeden z posledních dopisů napsal jinému služebníku do města zvaného Smyrna, muži jménem Polykarp. Napsal mu: „Stůj pevně, nepohnutě jako kovadlina, ačkoli do ní často buší."

O čtyřicet let později byl umučen také Polykarp. Stalo se to takto. Tehdy to byl už velmi starý muž. Jednoho dne pořádali ve Smyrně římské hry na počest císaře. Polykarp v tom městě působil jako biskup. Byly to vzrušující hry, krev tekla proudem a dav šílel nadšením. Pak náhle kdosi zvolal: „Pryč s ateisty!" Do arény přivlekli jedenáct křesťanů, nazvali je ateisty a pustili na ně lvy. Šílení davu se stupňovalo, až lidé začali volat po krvi Polykarpa. Jeden římský voják byl spolu s několika dalšími vyslán, aby Polykarpa našel a zatknul. Dorazili do malého domku poblíž Smyrny, kde muž bydlel. Zaklepali a on jim otevřel. Nepoznali ho, protože nevěděli, jak vypadá. Zeptali se: „Je tu muž jménem Polykarp?" Mohl jim říct: „Není, odešel," a později přiznal, že byl v pokušení to udělat. Pán mu však dal zvítězit, a tak řekl: „Já jsem Polykarp." Pak vztáhl ruce, aby přijal pouta, a oni ho odvedli do arény. Když guvernér uviděl, jak je starý, prohlásil: „Slituj se nad svými šedinami. Prostě proklej Krista a můžeš se vrátit do svého domu." Polykarp mu odpověděl: „Sloužil jsem mu osmdesát šest let a On mi nikdy neudělal nic zlého. Jak bych se teď mohl rouhat Králi, jemuž sloužím?" Nemohli udělat nic jiného, než ho zabít. Zahnali lvy, postavili hranici a Polykarpa přivázali ke sloupu. Silný vítr však způsobil, že plameny na Polykarpa nemohly dosáhnout, což hluboce zasáhlo dav. Jednomu římskému vojákovi se nakonec starého muže zželelo a probodl mu dýkou srdce. Křesťané si tuto mučednickou smrt zaznamenali a zápis končí těmito slovy: „Quintus statius Quadratus" ... „ale Ježíš Kristus bude Králem navždy". Jeho jméno, Quadratus, bude známo jako jméno guvernéra, ale jméno Ježíše Krista bude známo jako jméno Krále!

Přelistujeme stránkami historie až do roku 177. Kruté pronásledování tehdy propuklo v Lyonu ve Francii. Postarší služebník Krista, Pothinus, byl uvržen do žaláře a zůstal tam až do své smrti.

Potom zajali mladičkou otrokyni, náctiletou dívku, jejíž jméno vešlo do historie. Tato mladičká dívka, Blandina, byla zatčena a podrobena neuvěřitelnému mučení. Toto se o ní říkalo: „Kati ji mučili od rána až do večera, dokud nebyli unavení a vyčerpaní. Uvědomili si, že prohráli, neboť nic víc už jí udělat nemohli. Útěchu, odpočinek a úlevu od bolesti a utrpení nacházela ve zvolání: „Jsem křesťanka a nic zlého neděláme!" Příštího dne ji vzali do arény. Poté, co ji zbičovali, poté, co na ni poštvali šelmy, poté, co ji posadili na rozžhavenou židli, ji nakonec svázali do sítě a předhodili býkovi, který s ní pohazoval po aréně, až zemřela. Ona se však podobala vznešené matce, jež povzbuzuje své děti, běží s nimi radostně a s výskáním, jako by byli pozváni na svatební hostinu!" Tak zemřela Blandina.

Obraťme list a podívejme se do severoafrického vězení, kam zavřeli jistou křesťanku a její miminko položili do vedlejší cely. Dítě hladovělo, ale ona ho nesměla nakrmit. Její prsa byla oteklá a bolavá; dítě křičelo po mléku. Řekli jí: „Jakmile vyznáš, že císař je Pán, můžeš to dítě nakrmit." Dokázali byste odolat? Odpověděla jim: „Vzdáváme císaři úctu, která náleží císaři. Ale bázeň a uctívání náleží pouze Kristu, našemu Pánu!" O takový zápas šlo!

Za vlády římského guvernéra Decia skončilo dlouhé období klidu. (Klidu, který trval asi třicet let.) Řím poprvé přikročil k systematickému potírání křesťanství na území celé říše. Poprvé se nejednalo o místní zásahy, ale o celoplošné. Nedokážu se přimět, abych utrpení té doby

Jak prvotní církev získala svět (30–400 po Kr.)

podrobněji popisoval. Po odchodu Decia následovalo čtyřicetileté období míru, kdy církvi přibývali členové, ale také majetek a vliv, tedy věci, které se žel obvykle v klidných dobách dějí.

Nakonec přišel Satanův poslední úder, a to za vlády císaře Diokleciána. V roce 303 nařídil zničení veškerých církevních staveb – tehdy už si sbory stavěly své budovy. Nařídil spálit všechny Bible, propustit každého křesťana zaměstnaného ve státních službách, a každého věřícího stít, upálit nebo utopit. Satan věděl, že prohrává. Křesťanů bylo už mnoho a císařství jejich vlivu postupně podléhalo. Jednalo se o konečnou bitvu a byla vyhrána!

O tomto všem pronásledování však zbývá říct ještě dvě důležité věci. Zaprvé, známe jména mnoha mučedníků, ale známe také velmi smutnou pravdu, že tisíce křesťanů byly pronásledováním poraženy. Někteří z nich se vzdali a řekli: „Císař je Pán." Někteří podplatili úředníky, aby se zachránili. Někteří utekli ze země do zahraničí. Mnozí se žel vzdali. Představte si, že by někteří členové vašeho sboru byli podrobeni takovému pronásledování a někteří z nich by měli milost a odvahu zemřít pro Pána. Představte si také, že by někteří tváří v tvář zkoušce podlehli, zapřeli Krista a nikdy se k nám nevrátili. A pak si představte, že by později, až opět nastane čas míru, chtěli přijít zpátky do sboru. Jak bychom se měli zachovat?

Když později skutečně nastal mír, tento problém roztrhl církev ve dví. Někteří říkali, že tito lidé nejsou skuteční křesťané. Vždyť zradili Pána, zapřeli ho. V době pronásledování se k církvi nechtěli přiblížit. Proč by se teď měli stát členy sboru? Církev to žel rozdělilo.

Zadruhé, církev nikdy nerostla tak prudce, tak rychle, jako v těchto obdobích plných utrpení. Severoafrický křesťan, Tertullianus, proto řekl: „Krev mučedníků je semenem církve. Chcete-li zasít nový sbor, zasejte mučedníka." Smutnou pravdou je, že církev už nikdy nezažila tak strmý růst, jako v prvních třech stoletích. To je odpověď na utrpení. Nerozumím tomu, ale je to pravda, že kdekoli církev trpí, tam také roste. Proč? Myslím, že se tím protříbí její členové: tímto způsobem se Gedeónova armáda redukuje na pouhých tři sta členů, těch kteří jsou schopni to snést. Pak se církev stává takovou, jakou by měla být – vznešenou armádou!

Je načase spojit jednotlivé nitky a dospět k závěru. Prošli jsme si tři století a došli do roku 312. Toho roku se stal křesťanem sám císař Konstantin. Je to ten nejpodivnější příběh a nejsem schopen v něm oddělit pravdu od fikce. Co je ale jisté, že existuje jeden most, Milvijský most, a nachází se v severní části Říma. Konstantin vyjel, aby se střetl s nepřáteli Říma, a cestou měl vidění. Spatřil prý kříž a uslyšel hlas, který říkal: „V tomto znamení zvítězíš." Císař proto nechal na štít každého vojáka namalovat kříž a prohlásil: „Od této chvíle jsem křesťan a vy také."

Nejsem si jistý, že to byla dobrá věc. Císař se ale stal křesťanem. Řekl: „Od nynějška bude každá neděle dnem odpočinku." To byla tehdy novinka. Pro křesťany byla do té doby neděle běžným dnem. Císař také nařídil, aby se s ženami na území říše jednalo s větší úctou. Nařídil, aby se náležitě zacházelo s otroky. Císař byl křesťan a tím skončila tělesná bitva – přinejmenším na území Římské říše. Skončilo pronásledování a utrpení. Dovolte mi ale říct jedno: rozhodně to neznamenalo konec dalších dvou bitev – k těm chci ještě něco dodat.

Konstantin ke svému znepokojení zjistil, že se církev nachází v nanejvýš alarmujícím stavu. Hádali se, přeli a neustále se kvůli něčemu rozcházeli. Pohlédl na ně a řekl: „To je ale církev! Konečně jsou volní a začnou se hádat!" Nejdříve to nechal být, protože situaci přičítal špatné náladě, doktrinálním půtkám a rozdílným osobnostem. Potom to prozkoumal pozorněji a uvědomil si, že duševní bitva ještě neskončila.

Daleko v Alexandrii žil velmi mocný kazatel. Byl vysoký, hezký, zdatný řečník, zpíval písně a také písně sám skládal. Měl obrovský sbor a kázal příšerné věci. Kázal přesně totéž, co dnes káží Svědkové Jehovovi – že Ježíš není tak úplně Bůh. Tento vynikající řečník si díky své přitažlivé osobnosti získal mnoho lidí. Možná si vzpomenete, že první velká duševní bitva propukla kvůli gnosticismu, který učil, že Ježíš nebyl tak úplně člověkem. Nyní se ale objevilo zcela opačné tvrzení, totiž že není tak úplně Bohem. Ten muž se jmenoval Areios.

Jak prvotní církev získala svět (30–400 po Kr.)

Jeho hereze prolétla církví jako módní výstřelek. Povstávali další kazatelé, kteří zpoza svých kazatelen hlásali, že Ježíš nebyl zcela Bohem; že byl stvořen, nikoliv zplozen. Byl prý jen Božím Synem, nikoli Bohem. Tímto způsobem začali likvidovat víru.

Byl tu však jeden muž, který si uvědomil, co se děje, a zpočátku byl jediný. Jmenoval se Atanáš (Athanasius). Byl to pouhý mladík, diakon, zatímco Areios působil jako biskup. Tento světlovlasý muž byl navíc menšího vzrůstu. Lidé o něm kvůli tomu říkali, že je trpaslík. Tento světlovlasý drobný diakon prohlásil: „Tohle není křesťanská pravda a já proti tomu budu bojovat." Vedlo to k příslovečnému Athanasius contra mundum (Atanáš proti světu), protože svět následoval Areia. Atanáš řekl: „Budu proti tomu bojovat. Musím se tomu postavit." Ježíš je plně Bohem, stejně jako je plně člověkem. A bez ohledu na to, jak populární nebo přitažlivý může kazatel být, pokud tvrdí, že Ježíš není plně Bohem, ničí víru. Vždyť jak by Ježíš mohl přivést k sobě Boha a člověka, kdyby sám nebyl plně Bohem a plně člověkem? Je to prostá pravda a Atanáš ji viděl.

Císař Konstantin nakonec řekl: „Podívejte, tohle musíme jednou provždy vyřešit." Povolal kolem tří stovek biskupů. V jeho domě se nenašla jediná místnost, která by je dokázala všechny pojmout. Mimochodem, císař se odstěhoval z Říma a rozhodl se usadit v Byzancii, kterou přejmenoval na Konstantinopol. Protože nemohli najít dostatečně velké místo, kde by se mohli sejít, přeplavili se přes Bosporské moře (dnes mu říkáme Marmarské) do města jménem Nikáj. Biskupové se shromáždili ve velkém sále císařského paláce. Na těle nesli známky utrpení, kterými prošli; zmrzačení a chromí vešli dovnitř, kde je přivítal římský císař. Jak dramatický okamžik! Tělesná bitva jistě skončila, ale boj pokračoval dál. V jedné místnosti opodál, čekal Atanáš. Příliš mladý, než aby ho přizvali k důležitým rozhovorům, přesto byl hlavní postavou. Prostřednictvím přítele protlačil své argumenty na jednání. Tento přítel neustále vybíhal ven, aby se Atanáše ptal: „Řekli tohle. Co jim mám odpovědět teď?" A on na to: „Řekni jim tuhle část Písma." Muž se tedy vrátil zpět, ocitoval příslušnou část Písma a řekl: „Toto je Slovo Boží." Atanáš tuto bitvu bojoval zpoza dveří!

Rozdělili se kvůli dvěma řeckým slovům: *homoousios* a *homoiousios*. Lidé si pomysleli: Jen si to představte, rozdělili se kvůli jedinému slovu! Bylo to ale důležité slovo. *Homoousios* (čti *homo-úsios*) znamená „jedné a téže podstaty". *Homoiousios* (čti *homo-iúsios*) znamená „podobné podstaty". Rozdělení spočívalo v této věci: Je Ježíš stejné podstaty jako Bůh, nebo je jen jako Bůh? Zatímco Atanáš bojoval z vnějšku, Areios, onen dominantní kazatel, okouzloval celé společenství uvnitř, ale díky Bohu bitvu vyhrál Atanáš.

Bůh si vybírá bezvýznamné lidi. Atanáš musel pětkrát utéct, aby si zachránil život, a uchýlit se do exilu, ale nepřestával bojovat, protože koncil v Nikáji tuto záležitost nedořešil. Vydali však prohlášení (v roce 325; dodatky k němu přidal roku 381 koncil v Konstantinopoli), které je dodnes součástí našeho uctívání. Říká se mu „Nicejské vyznání víry". Zde je překlad jeho první verze z roku 325:

„Věříme v jediného Boha, Otce všemohoucího, Stvořitele všech viditelných i neviditelných věcí. A v Pána Ježíše Krista, Božího Syna, který byl počat Otcem jako jeho jednorozený; tedy z Otcovy podstaty, Bůh z Boha, Světlo ze Světla, skutečný Bůh ze skutečného Boha, počat, nikoli stvořen, je stejné podstaty jako Otec. Skrze něho bylo stvořeno všechno na nebi i na zemi. Kvůli nám lidem a pro naše spasení sestoupil dolů, vtělil se a stal se člověkem. Trpěl a třetího dne opět vstal a vystoupil na nebesa. Odtud se vrátí, aby soudil živé i mrtvé. A věříme v Ducha svatého. Ale ti, kteří tvrdí, že byly doby, kdy neexistoval, že nebyl před svým stvořením, že byl stvořen z ničeho, že je jiné podstaty či základu, nebo že Boží Syn byl stvořen a mění se – ti jsou svatou všeobecnou a apoštolskou církví zavrženi."

Od té doby církev Ježíše Krista přijímá jako pravdu vyznání, že Ježíš je plně Bohem, „skutečný Bůh ze skutečného Boha". Zpíváme si o tom každé Vánoce: „Slyšte, andělský posel zpívá, skutečný Bůh ze skutečného Boha, Světlo ze Světla. Hle, nepohrdl lůnem panny.

Počat, nikoli stvořen."[4]. Zpíváme vyznání ustanovené v Nikáji. Ježíš je plně Bohem.

DUŠEVNÍ BITVA BYLA VYHRÁNA ROKU 400

Duchovní bitva pokračovala. Konstantin měl dva vnuky (jeden z nich byl Julián) a ti říkali: „Nelíbí se nám, co náš děda udělal." Na tom není nic neobvyklého. Vnuci se rozhodli, že přetočí ručičky hodin zpět, navrátí římské pohanské bohy a znovu otevřou jejich chrámy. A to také udělali. Jenže nikdo tam nepřišel a oni si uvědomili, že je příliš pozdě! Duchovní bitva byla vybojována.

V roce 400 existovalo na území Římské říše pouze jedno náboženství, které byste mohli označit za význačné. Římští vojáci jej přinesli do Anglie. Svatý Alban byl prvním mučedníkem na anglické půdě – římský voják, který zemřel za Ježíše Krista. Místo, kde zemřel, dodnes nese jeho jméno – St. Albans. Víra se rozšířila i na jih do Afriky. Rozšířila se na východ do Sýrie a Indie a do celého tehdy známého světa. Tělesná bitva skončila vítězně, duševní bitva byla vyhrána a církev získala pro Ježíše Krista celý svět.

Přesto stále bojujeme tuto bitvu a je to těžší než kdy dřív. V mnoha zemích probíhala a dosud probíhá tělesná bitva. V Evropě se jednalo (a stále jedná) o bitvu duševní. Roku 1517 přitloukl Martin Luther na dveře kostela prohlášení, které on považoval za pravdu. Kam bychom je měli přibít dnes?

Uvnitř církve dnes probíhá duševní bitva. Jsme připraveni se k ní postavit čelem a bojovat, ať bude cena jakákoli? Může to bolet. A *duševní* muka jsou horší než muka *tělesná*.

Richard Wurmbrand (1909–2001), známý křesťanský služebník z Rumunska, který byl během éry komunistického režimu opakovaně vězněn a mučen, řekl, že na západě trpěl mnohem více než ve své rodné zemi a že se občas toužil vrátit do vězeňské cely.

---

4 Překlad anglické vánoční písně Hark, the Herald Angels Sing; pozn. překladatele.

2000 LET TĚLA KRISTOVA

Před mnoha lety mě kdosi požádal, abych vzal Richarda Wurmbranda do Cambridge. Žel jsem měl mnoho jiných závazků, ač bych jej býval tak rád provázel. Dostal výhrůžný dopis, a proto z bezpečnostních důvodů nemohl cestovat veřejnou dopravou. Zeptal jsem se: „Proč tam vlastně chce jet?" Dozvěděl jsem se, že měl v plánu v Cambridge konfrontovat (toho času) kanovníka Montefiora, protože právě v jeho sboru se před pár týdny sešel Světový kongres náboženství a protože Montefiore ve svém sboru označil Ježíše za homosexuála, což má blízko k rouhání. Wurmbrand, který tolik tělesně trpěl ve východní Evropě, hodlal onoho muže vyzvat, aby západnímu světu kázal pravdu. Nezahanbuje vás to? Tuto bitvu dnes bojujeme a musíme jasně a s láskou říkat: „Nehodláme svou víru měnit kvůli dnešním intelektuálům. Existuje jen jedno evangelium, které zachraňuje!"

/ Kapitola druhá /

JAK SVĚT PRONIKL DO RANÉ CÍRKVE

Letmým nástinem se pokoušíme pokrýt obrovské množství událostí. Snažíme se pochopit vývoj Božího záměru a také nalézt příčinu věcí, které jsou nám až příliš dobře známé. V předchozí kapitole jsme zkoumali, jakým způsobem církev získala svět (během prvních čtyř století). Bylo to skrze utrpení ve fyzické bitvě, bojem proti herezím v bitvě duševní a také v duchovní bitvě skrze zápas proti jiným náboženstvím. Je třeba dodat ještě jednu důležitou věc. Křesťané zvítězili, protože životem, myšlením i ve smrti převyšovali všechny ostatní. Není to má vlastní myšlenka, ale pochází od baptistického vzdělance, který se jmenoval T. R. Glover.

V této a v následující kapitole se budeme věnovat nešťastnému a závažnému tématu, totiž jakým způsobem svět uchvátil církev.

Na jedné malbě pocházející ze středověku je církev znázorněna coby záchranný člun. Křesťané na člunu v rozbouřeném moři vztahují ruce, aby zachránili lidi, kteří se topí ve vlnách. Moc hezký obrázek církve.

Je jako záchranný člun, který se vydal do světa, aby odpověděl na volání S. O. S. – spaste naše duše (*save our souls*; pozn. překladatele). Člun musí být na moři, ale když moře pronikne do člunu, nastávají vážné potíže. Církev musí být ve světě, ale pokud svět pronikne do církve, je s ní konec a potopí se. Příběh následujících tisíc let vypráví o tom, jak se moře dostalo do lodi – jak se svět dostal do církve.

2000 LET TĚLA KRISTOVA

V této kapitole se podíváme na to, jak svět pronikal do církve v letech 100 až 400 po Kristu, takže budeme mít příležitost ještě jednou prozkoumat období, kterým jsme se právě zabývali. Navzdory všem zmiňovaným vítězstvím začal svět pronikat do církve už tehdy. Později, ve třetí kapitole, se podíváme na léta 400–1000, často nazývaná dobou temna. Následně se dotkneme i středověku (1000–1500) a skončíme tedy pouhý rok nebo dva před Martinem Lutherem.

Nejdříve tedy, jak svět pronikal do církve v prvních čtyřech stoletích, kdy žili mučedníci, o kterých jsme mluvili, kdy také žili velcí kazatelé a boj vítězně pokračoval. V těchto čtyřech stoletích se objevily čtyři věci, které začaly nařeďovat církev Ježíše Krista:

» Oblastní biskupové
» Svátosti jako magický rituál
» Uzákonění náboženství
» Formální členství

OBLASTNÍ BISKUPOVÉ

V době Nového zákona měl každý sbor několik vlastních biskupů. Říkalo se jim starší, biskupové nebo presbyteři. Tyto názvy se odkazují na jednu a tu samou funkci – duchovního vedoucího. Biskupové Nového zákona byli tedy totéž, čemu dnes některé církve říkají starší.

V následující fázi zredukoval každý sbor biskupy na jediného člověka. Později působil jeden biskup nad mnoha sbory a vedení se soustředilo do rukou pouhých několika jedinců.

V Novém zákoně nic takového nenajdete. V prvním století existence křesťanské církve se nic takového nestalo. Změna nastala ve století druhém. Náhle se objevili lidé disponující povážlivě velkou mocí a vlivem – už neplatil poměr více biskupů na jeden sbor, ale více sborů na jednoho biskupa. Takové porušení novozákonního Božího pořádku bylo zcela jistě jednou z prvních věcí, které začaly kazit a měnit charakter církve. A mimochodem se jednalo o kopírování modelu fungování Římské říše s jejími guvernéry.

Jak svět pronikl do rané církve

SVÁTOSTI JAKO MAGICKÝ AKT

Vezměte si například křest. Místo toho, aby byl chápán coby vnější symbol a pečeť duchovního obmytí hříchů, lidé začali věřit, že samotná voda a použití správné formule zachraňují člověka od hříchu, bez ohledu na věk. Z toho vzešel názor, že pokud po svém křtu zhřešíte, nenávratně tím zrušíte jeho působení a bylo by pro vás tedy lépe nebýt pokřtěni! A tak se rozhodli, že bude lepší, když si křest nechají až na smrtelnou postel. Vždyť pokud se necháte pokřtít dříve, než začnete umírat, vystavujete se riziku, že zhřešíte, a zrušíte tak obmytí svých hříchů. Lidé proto začali křest odkládat doslova až do chvíle, kdy jim lékař řekl: „Už není naděje." Teprve tehdy spěchali za duchovním a volali: „Pokřtít!"

Pak ale přišli další a ti řekli: „Podívej, mohlo by se stát, že budeme mít miminko, které zemře. Chtěli bychom proto křest hned na začátku života, aby se děťátku obmyly hříchy. Nechceme, aby naše miminko šlo do pekla!" Oba tyto názory vycházely z pověr a magického pohledu na křest.

Naneštěstí zvítězila teorie o křtu novorozenců. Po 150 letech se tedy začalo s křty dětí. Tato praxe zůstala platná dodnes v necelé polovině dnešních církví. Křest dětí způsobil, že mnozí začali říkat „Jsem křesťan", přičemž byli jenom „pokřesťanštěni" (pozn. vydavatele: v angličtině autor používá slovo Christened). Šlo o další věc, která rozkládala církev Ježíše Krista.

Podobně magicky se začalo přistupovat k Večeři Páně. Začalo to už v prvních čtyřech stoletích, kdy si lidé začali myslet, že chléb je skutečným tělem Kristovým a víno jeho krví. Jestliže se tedy předkládalo skutečné tělo se skutečnou krví, muselo se jednat o oběť. Služebník předkládající chléb a víno proto musel být kněz.

UZÁKONĚNÍ NÁBOŽENSTVÍ

Jistě si dovedete představit, že jakmile začal do církve chodit císař, přidali se i ostatní. Když císař prohlásil, že od této chvíle bude jediným oficiálním náboženstvím křesťanství, každý se snažil do rozjetého vlaku naskočit a stala se z toho móda. Pokud jste chtěli mít ve společnosti úctu, chodili jste do kostela státem uznaného náboženství. Věřím, že uzákoněné náboženství má za následek křesťanství jako módní záležitost a věc společenské prestiže. A nemůže to být jinak. V Novém zákoně však nic takového nevidím.

FORMÁLNÍ ČLENSTVÍ

Do církve tedy proniklo formální členství. Jistý spisovatel na konci druhého století napsal: „Kolem roku 50 patřil do církve každý, kdo přijal křest, Ducha svatého a vyznal Ježíše jako svého Pána. Avšak nyní, kolem roku 180, se křesťanem stává ten, kdo uzná pravidla víry (vyznání víry), kánon Nového zákona a autoritu biskupů."

Jinými slovy, lidé vstupovali do církve z jiných důvodů, než je víra v Ježíše a přijetí Ducha svatého. Z církve se stala instituce.

Samozřejmě je třeba říci, že kdykoliv se církev vydala špatným směrem, objevily se protesty. V prvních čtyřech stoletích to byla dvě hnutí zvaná montanismus a monasticismus. Obě hnutí vznikla jako protest proti církvi, která se stávala bohatou a světskou a plnila se lidmi, kteří se nikdy neobrátili.

MONTANISMUS

Toto hnutí se objevilo na území dnešního Turecka v Malé Asii. Muž jménem Montanus si všiml, že na členech církve není vidět ani stopa Ducha Svatého, a proto usiloval o obnovu Duchem Svatým. V důsledku toho došlo v Malé Asii k probuzení. Pokud bych měl tyto lidi nazvat nějakým současným jménem, byli by to letniční. Znovu objevili Božího Ducha a skrze montanismus se do církve navrátily i Jeho dary. Do uctívání se vrátil život. Prostřednictvím tohoto letničního protestu proti mrtvé církvi a světskosti jejích členů se obnovily zápal a opravdovost.

Toto letniční probuzení bylo výzvou pro existující církev svým obrovským důrazem na Kristův návrat, neoblomností v tvrzení, že se členem církve nemůže stát nikdo, kdo nevyzná nebo nemá opravdovou víru v Krista, svatostí, půstem a upřímným křesťanským životem.

Jak svět pronikl do rané církve

Biskupové se jim však velmi urputně stavěli na odpor. Asi si dokážete domyslet proč. Tragédií bylo, jak se tomu stalo už mnohokrát, že se toto první letniční hnutí nakonec vydalo špatným směrem. Skončilo špatně, protože tito lidé neprošli žádným vyučováním. Chtěli „žár" bez „světla". Potřebujeme obojí. Světlo bez žáru je velmi chladné. Žár bez světla je příliš žhavý. Nenaslouchali učení Písma o tom, jak používat duchovní dary. V tomto případě se jednalo zvláště o ženy, které se vydaly špatnou cestou. Z jejich středu vycházely prorokyně, nevyrovnané ženy, šílené a fanatické, jež se nedaly vést ani vyučovat.

Je velmi smutné, že první letniční hnutí skončilo fanatismem a vytratilo se. Protest vyšel naprázdno. Myslím, že by každé letniční hnutí mělo znát tento příběh. Z historie se můžeme učit. Povstalo jako dobrá věc, jako protest proti mrtvosti sborů, tedy ze stejného důvodu jako současné letniční hnutí, jež vzniklo před sto lety v Anglii. Takové probuzení musí být ale po celou dobu vyvažováno vyučováním, rozvážným používáním darů a biblickou brzdou, která by zabránila propuknutí šílenství a fanatismu.

MONASTICISMUS

Další protest (jenž se objevil také v rané fázi, ale o několik let později) byl velmi odlišný. Povstali křesťané, kteří říkali: „Církev je tak světská a mrtvá, že jedinou nadějí k obnově křesťanství je opustit jak církev, tak svět."

Někteří z tehdejších křesťanů se rozhodli, že to udělají po svém – stali se poustevníky. Je to ten nejpodivnější příběh. Například hned ten první, svatý Antonín, došel k závěru, že se z něj nikdy nemůže stát opravdový křesťan, pokud neodejde doprostřed pouště. Problém spočíval v tom, že když tam přišel, mnoho dalších křesťanů se k němu chtělo přidat, ale o to on nestál. Aby toho nebylo málo, zjistil, že v jeskyni uprostřed pouště zažívá stejná světská pokušení, jako byla ta, s nimiž zápasil v církvi.

Ještě podivnějším mužem byl poustevník jménem Simeon Stylita. Postavil si 16 metrů vysoký sloup, který byl nahoře asi metr široký.

2000 LET TĚLA KRISTOVA

Vylezl nahoru a žil tam nějakých šedesát let. Jeden rok dokonce stál na jedné noze, jako formu protestu, kterou chtěl církvi ukázat, že křesťanství je náročná věc. Žil tam nahoře, vysoko na sloupu, byl pokrytý vředy a červy, zkrátka v nanejvýš děsivém stavu. Do historie však ubohý Simeon Stylita vstoupil coby člověk, jenž se pokusil obnovit opravdový asketismus, horlivost a sebeovládání křesťanské víry, ve světské církvi.

Mnohem úspěšněji než úsilí poustevníků skončily snahy lidí zakládajících křesťanské komunity. Toto hnutí založil muž jménem Benedikt. V půli cesty mezi Římem a Neapolí, kde leží Monte Casino, kolem sebe shromáždil skupinu opravdových křesťanů, kteří si uvědomovali, že se církev stala natolik světskou a neživou, že s tím už nemohou nic udělat. A tak si řekli: „Spojíme se a budeme žít společně jako křesťané. Zřekneme se bohatství a budeme chudí; zřekneme se žádostí a budeme žít v celibátu; zřekneme se vzpurnosti a budeme žít v poslušnosti." Přijali trojí přísahu chudoby, cudnosti a poslušnosti. Řídili se podobnými pravidly jako posádka římského vojska. Tento klášter vznikl na protest proti světské církvi.

Tragédií je, že i tento protest skončil stejně špatně jako ty předchozí. Kristus pro nás nezamýšlel křesťanský život daleko od lidí. Později tito mniši, kteří začínali plni dobrých úmyslů a touhy obnovit skutečné křesťanství, podlehli sebestřednosti. Byli tolik zaměření na vlastní spásu, uzavřeni do sebe, že se izolovali jak od světa, tak od církve.

Navíc se domnívám, že právě mniši stáli u zrodu myšlenky o dvou typech křesťanů – o dvou stupních a dvojím standardu. Druhořadí křesťané se žení a vdávají, kdežto křesťané první třídy to nedělají. Druhořadí křesťané žijí ve světě, křesťané první třídy žijí mimo něj. Tohle ale Ježíš neučí. Náš Pán nebyl mnich. Nestranil se lidí. Žil čistý život uprostřed společnosti a svým učedníkům říkal, aby žili ve světě, ale světu nepatřili. Tento způsob protestu tedy nebyl správný, přestože byl míněn upřímně.

/ Kapitola třetí /

TEMNÝ VĚK
(400–1000)
PÁD ŘÍMA

V roce 410 došlo ke katastrofě. Barbaři ze severu udeřili na město Řím. Přišli Vandalové (od těch dob tak nazýváme každého, kdo cestou všechno ničí), Frankové, Hunové a Gótové – všichni to byli barbaři (podle jejich válečného pokřiku „Barbar, barbar!"). Tehdejší Řím padl. Téhož roku Římané opustili Británii, aby se vrátili a bránili město. To se jim však nepodařilo. Jakmile Římané opustili Británii, vlády se ujali Jutové, Anglové a Sasové a vymýtili křesťanství z Anglie i jihovýchodního Skotska. Křesťanství, které přinesli římští vojáci a které se v Anglii rozšířilo v prvních čtyřech stoletích, se po odchodu Římanů z Británie vytratilo. Přišli Anglosasové a vše si podrobili.

Když padl Řím, zdálo se, že to je konec civilizace. Jeroným v Jeruzalémě napsal: „V troskách je i lidská rasa." Mnohým bylo záhadou, že Řím, který se coby pohanská říše udržel stovky let, se nyní jako křesťanský stát zhroutil.

SVATÝ AUGUSTIN

Byl tu však jeden muž, který to prohlédl a přišel s nanejvýš úžasným prohlášením, totiž že nic báječnějšího se ani stát nemohlo. Jmenoval se Augustin a jeho knihy si dnes můžete koupit i v knihkupectvích na letišti. Některé z velkých myšlenek, které prohlásil, možná znáte. „Naše nepokojná srdce nenaleznou odpočinku, dokud nespočinou v Tobě." Myslím, že je to ta nejcitovanější modlitba v celých dějinách. A byl to opět Augustin, kdo se modlil: „Dej mi cudnost a střídmost, ale teď ještě ne." Řekl také: „Miluj a dělej, co chceš." Žádný jiný člověk kromě apoštola Pavla neovlivnil dějiny církve tolik jako Augustin. Narodil se v severní Africe. Coby student odešel na univerzitu v Kartágu, kde se chytil špatné party mladých mužů. Brzy si našel konkubínu, která mu porodila syna. V nezákonném svazku s touto ženou žil Augustin asi dvacet let. Měl pohanského otce, ale velmi zbožnou matku, která se za něj denně v slzách přimlouvala.

Později si díky své geniální mysli a úspěšné akademické kariéře vysloužil pozvání na univerzitu v Miláně, kde se měl stát profesorem rétoriky. Tam slyšel kázání ctihodného biskupa Ambrože, jehož ostatky jsem měl možnost vidět. Pod vlivem Ambrožova kázání byl Augustin, se svou geniální myslí, ale také naprosto rozmařilým způsobem života, hluboce usvědčen z nejistoty a hříchů. Jednoho dne seděl v zahradě a naříkal nad svým zpackaným životem, když uslyšel dětský hlas, chlapecký hlas, jak mu přes zahradní zeď říká: „Vezmi a čti, vezmi a čti." Nikdy se nedozvěděl, kdo to byl. Všiml si ale svitku ležícího na lavičce vedle něj, a tak ho vzal a přečetl. Byl to Pavlův list Římanům! Augustin ho celý přečetl a sestoupilo na něj světlo. Když pak vyšel na ulici a uviděla ho žena, s níž žil, utekl od ní. Běžela za ním a volala: „Augustine, to jsem já, to jsem já." A on jí odpověděl: „Ale já už nejsem já, já už nejsem já."

Život si dal postupně do pořádku a začal psát. Celý příběh jeho obrácení si můžete přečíst v jeho *Vyznání*. Augustin byl středního věku, když Řím padl, a zdálo se, že s ním se zhroutil celý svět. Přemýšlel o tom a následně napsal další důležité dílo (jedno z mnoha!) s názvem *O Boží obci*, v němž napsal, že zhroucení pohanského města Říma je dobrou věcí, protože nyní jej může nahradit Boží město. Bylo podle něj dobře, že pozemské království skončilo, protože pak mohlo být nastoleno nebeské království. Tato kniha přinesla mnoha lidem naději a nový život. Pomohla jim pochopit, že je tu Boží město, které stále trvá, přestože lidské město zaniklo.

Temný věk (400–1000)

Přineslo to i jisté problémy, protože si lidé začali klást otázky. Co je vlastně to Boží město? Je viditelné, či neviditelné? Je na zemi, nebo v nebi? Touto svou druhou knihou Augustin řadu lidí zmátl. Je zajímavé, že o mnoho století později protestanté říkali: „Následujeme Augustina" a římští katolíci tvrdili totéž: „Následujeme Augustina!" Věc se však měla tak, že protestanté následovali Augustinovo *Vyznání*, kdežto římští katolíci jeho spis *O Boží obci*. Z toho důvodu se stalo následující. Církev prohlásila: „No, jestli je to pravda, pak církev je nyní tím novým královstvím." a jedním z prvních důsledků byl vzestup římského biskupa na místo císaře.

V těch dnech se také velmi probírala otázka významu slova „papež". V podstatě to znamená „otec". Navzdory tomu, že Ježíš řekl: „Nikoho nenazývejte na zemi svým Otcem, neboť jediný je váš Otec, ten nebeský", začali místní kněze oslovovat „otče". Později tak nazývali regionální biskupy. Řada významných biskupů včetně těch z Jeruzaléma, Alexandrie, Konstantinopole a Říma začala tento titul užívat. Římský biskup prohlásil: „Hleďte, Řím padl, nyní jsem císařem já. Jsem nejvyšším biskupem a od této chvíle budete papežem (otcem) nazývat jen mě." Tehdy začalo papežství, tak jak je známe dodnes.

Je zajímavé, že papež přijal tituly a dokonce i oděv římského císaře! Přijal titul *Pontifex Maximus*[1], dodnes je známý jako pontifex. Je to titul, který užívali římští císaři. Augustinova úvaha byla chybná a lidé si pak mysleli, že církev je novou říší. Měla mít svého vládce, roucha i obřady. A musela mít i trůn. Papež se stal králem.

Jistě si dovedete představit, že křesťané něco takového nemohli přijmout. Nepřijali to francouzští křesťané. Nepřijali to irští křesťané. Nepřijali to velšští křesťané, ani ti skotští. Angličtí naneštěstí ano.

Jednu dobu to vypadalo, že Britské ostrovy zůstanou lapeny ve sporu mezi těmi, kdo věřili, že křesťanství nemá papeže, a těmi, kdo tvrdili opak. Svatý Kolumba přicestoval z Irska na Ionu, a potom do Skotska, které pak vedl ke Kristu. Pak tu byl Aidan, který přijel na ostrov

---

1 Nejvyšší kněz; pozn. překladatele.

2000 LET TĚLA KRISTOVA

Lindisfarne, odkud evangelizoval Northumberland[2]. Dodnes můžete na tomto malém ostrůvku spatřit trosky někdejšího kostela svatého Aidana. Toto nepapežské keltské křesťanství tedy prošlo Irskem a Skotskem až do severní Anglie. Papež však později řekl: „Musíme získat Anglii. Musíme ty Angly dostat"[3]. Poslal tedy misionáře, jiného Augustina, který se vylodil na ostrově Thanet a později přijel do Canterbury. Ve Whitby došlo k slavnému setkání představitelů těchto dvou křesťanských proudů – keltského a římského. Nad přístavem dodnes můžete vidět trosky budovy, kde se vše odehrálo.

Tam se tedy v roce 660 setkalo keltské a papežské křesťanství, a tragédií bylo, že to papežské tehdy zvítězilo. Britské ostrovy se ocitly pod autoritou papežského stolce. Skotsko dokonce změnilo svého patrona ze svatého Jana na svatého Ondřeje. Celá situace se změnila.

Další skupinou křesťanů, kteří nehodlali přijmout nové pořádky, byly sbory ve východní části Středomoří: ty z Řecka, Malé Asie, Sýrie a Egypta. Říkali: „Tohle nebereme. Není biblické, aby byl jeden ‚tatínek'[4], jeden otec celé církve. Tohle není Nový zákon." Tak začalo rozdělení, které se završilo roku 1054. Východní a západní církev pak zůstala rozdělená až do 60. let 20. století. Tyto dvě církve spolu začaly znovu mluvit teprve v minulém století. Právě tato věc je rozdělila na celých tisíc let. A stále není vyřešena.

Církev se tedy stala královstvím a zodpovědnost za to nesl především papež Řehoř. Potom tu byl Lev I. Veliký. Prohlásil o sobě, že je nástupcem Petra. Roku 850 se odehrálo něco neuvěřitelného. Papež řekl: „Objevil jsem jisté listiny, které se datují až k 1. století. Ty dokazují, že Petr ustanovil prvního papeže, ten ustanovil druhého a ten druhý ustanovil třetího", a tak dále. Nyní víme, a ví to i římská církev, že ty dokumenty byly podvrh. Známe je coby *Pseudoisidorské dekretálie,* takže papežství bylo postaveno na podvrhu. A tento nebyl

---

2 Hrabství na severu Anglie; pozn. překladatele.
3 Anglové byli příslušníci západogermánského kmene, kteří kolem
   5. století začali osidlovat východní Anglii; pozn. překladatele.
4 V angličtině výraz ‚papa' znamená jak tatínek,
   tak papež; pozn. překladatele.

jediný. Další je znám pod názvem *Konstantinova donace*, která měla potvrzovat, že celá Itálie náleží papeži. Papež prý objevil tuto listinu a prohlásil: „Vidíte? Patří mi celá Itálie!" Toto je kvalita základů, na nichž byla postavena celá církevní struktura, a ačkoliv to dnes Řím ví, dál trvá na svých nárocích. A moc Říma rostla dál.

KAREL VELIKÝ

Roku 742 se narodil muž, jehož snem bylo obnovení Římské říše. Chtěl, aby se vrátila na mapu světa, on sám se stal jejím císařem a papež podléhal jeho autoritě. Jeho jméno, Karel Veliký, ve vás vyvolává mrazení, jakmile je slyšíte. Tento bezohledný muž řekl: „Znovu nastolíme Římskou říši a její hlavou nebude papež, ale císař." Karel Veliký dvakrát zachránil papežův život, poprvé před Barbary a podruhé před rozlíceným davem v Římě. Papež se mu za to chtěl odměnit, a tak se ho zeptal, co by chtěl na oplátku. A císař řekl: „O Vánocích mě korunuj císařem!"

Roku 800, během vánoční ranní bohoslužby, papež korunoval franského krále za „Karla Velikého, císaře Svaté říše římské". Svatá říše římská pak existovala přes tisíc let.

Kruh se uzavřel. Římská říše padla roku 410. Její místo zaujala církev. Roku 800 pak císař znovu převzal říši z jejích rukou. Jako by se všechno vrátilo až do bodu, kde vše začalo.

Karel Veliký udělal několik dobrých věcí i několik špatných. Zakázal duchovním konkubíny, návštěvy hostinců a lovy. Mimo jiné také zakládal školy. K těm špatným patří skutečnost, že duchovním zakázal, aby se ženili, a byl to právě Karel Veliký, komu vděčíme za to, že je přísaha celibátu povinná pro všechny kněze.

Cílem Karla Velikého bylo království, v němž by fungovalo partnerství mezi ním a papežem, přičemž by on sám měl nadřazenou pozici. Jako první začal používat termín „Christendom"[5] a měl tím na mysli křesťanské království, které podléhá císaři. Tato myšlenka přetrvala dodnes – stále jsou tací, kteří doufají, že jednoho dne bude

---

5 V češtině „křesťanské království"; pozn. překladatele.

nastoleno křesťanské království, které bude totožné s Kristovým královstvím.

PROTESTY

Církev byla zkažená, protože získala moc a bohatství. Opět zmíním příklady protestů, které to vyvolalo. Hovoříme o církvi, jejíž hlavou je papež, církvi, která uctívá obrazy, církvi, jež učí lidi, že jejich spasení závisí na vykonávání náboženských poutí a odčinění hříchů. Tato církev říkala lidem celou snůšku věcí, které v Novém zákoně nelze najít. Protesty se rozhořely na východě a také na severu.

Na východě se vyvíjely dvěma odlišnými způsoby. Skrze ten první dolehl na křesťanskou církev nejtěžší rozsudek – vznik islámu. V Arábii jsem žil a toto náboženství jsem viděl. Dovolte, abych vám o něm něco málo řekl.

Mohamed se narodil v roce 571 ve městě jménem Mekka, které bylo pro příslušníky arabské rasy centrem modlářských pověr. Uprostřed Mekky stála obrovská čtvercová budova pokrytá černými závěsy, v níž byl ukrytý Kába, meteorit spadlý z nebe. Kromě toho se v Arábii šířilo mnoho dalších pověr a modlářství. Tento muž, Mohamed, vyrostl uprostřed arabské pověrčivosti a uctívání model a byl tím znechucen. A nyní poslouchejte! Obrátil se nejprve na Židy a potom i na křesťany a řekl: „Je vaše náboženství to pravé?" Tragédií však bylo, že se Mohamed nikdy nesetkal s obráceným křesťanem! Jediné, co viděl, byli kněží zahalení v rouchách, obklopení obrazy a krucifixy. Řekl si tedy, že se jedná o stejné modlářství, jaké provozovali i Arabové. Kdyby tak Mohamed na konci 6. století potkal skutečného křesťana! Ale to se nestalo. Proto si řekl: „Tak dost. Budu hledat nové, čisté náboženství." Odvrátil se od pokřiveného a zvráceného křesťanství, protože přesně takové kolem sebe viděl.

Oženil se s bohatou vdovou a strávil mnoho let v poušti. Tam prý slyšel hlas, který k němu promluvil: „Není Boha kromě Alláha a Mohamed je jeho prorok." A začal to kázat. Prostřednictvím písařů sepsal vše, co slyšel ve viděních, do knihy jménem Korán. Byl pronásledován a roku 622 musel uprchnout do Medíny. Od tohoto

Temný věk (400–1000)

roku Arabové datují svůj kalendář. Pak se vrátil do Mekky a nastolil nové náboženství – pomocí armády! Od té chvíle se každý musel modlit k Mekce. Toto náboženství učí, že se můžete dostat do nebe, pokud budete dělat dobré skutky, postit se, pětkrát denně se modlit, postit se během Ramadánu, vykonáte pouť do Mekky a budete dávat almužny chudým.

Mohamedánství vymetlo křesťanství ze Středomoří. Vymetlo křesťanství ze severního pobřeží Afriky. Vyhnalo křesťanství dokonce ze samotné Svaté země, z Jeruzaléma, z místa, kde byl ukřižován Ježíš. Šířilo se Španělskem a vzhůru Malou Asií. Vtrhlo do Francie a proniklo až k branám Lyonu. Uchvátilo východní Evropu a dosáhlo až k Vídni. Vypadalo to, že Mohamedánství rozdrtí křesťanství jediným obrovským obchvatem. Byl to ten největší soud, jaký kdy Bůh na křesťany dopustil, a byl to soud zcela zasloužený. Křesťanství takřka zmizelo z pobřeží Středozemního moře.

Poté se však postup Islámu zastavil. Bůh nedopustil, aby bylo křesťanství vymýceno z povrchu zemského a zastavil útočníky u Lyonu a Vídně, odkud se stáhli na své dnešní hranice – především na pobřeží severní Afriky a do Turecka. V té době se totiž po celé Evropě scházely malé skupiny křesťanů nad Božím slovem. Viděli, že oficiální církev je zkorumpovaná, a tak se scházeli v malých skupinkách. Četli Bibli a říkali: „Budeme Boha uctívat prostým způsobem. Budeme ho uctívat spolu. Nepotřebujeme kněze. Máme Ježíše, našeho Velekněze. Nepotřebujeme papeže. Máme Otce v nebesích. Nepotřebujeme všechny ty zbytečnosti. Potřebujeme jen Boží slovo a Ducha svatého." A tak se scházeli.

Víme o nich jen velmi málo, protože čelili tak tvrdému pronásledování, že i historické záznamy o nich byly zničeny. Zajímalo by mě, kolik lidí někdy v životě slyšelo o takzvaných bogomilech. Tito lidé se v malých skupinkách scházeli nad Božím slovem po celé Evropě. Jednalo se především o dnešní Bulharsko a Bosnu. Bulharský výraz „bogomil" znamená „Boží přítel". Další skupinou byli tzv. pauliciáni, kteří se scházeli na území Arménie, Thrákie a Malé Asie.

2000 LET TĚLA KRISTOVA

Ve své prostotě jsem se domníval, že po tisíc let existovala pouze římská církev a východní církve, ale mýlil jsem se. Nadchlo mě, když jsem zjistil, že po všechna ta století existovaly skupiny obyčejných křesťanů, kteří se v místních sborech scházeli nad Božím slovem. Platili za to svými životy, přesto se však setkávali a udržovali plamen víry pro nadcházející generace.

/ Kapitola čtvrtá /

STŘEDOVĚK
(1000–1500)

Dobu mezi roky 1000 a 1500 nazýváme „středověkem", protože se jedná o období mezi „temným věkem" a „novověkem".

HILDEBRAND
Tento mnich se stal papežem a nelíbilo se mu, že je jen „dvojka". Římská říše byla obnovena a v jejím čele stál císař. Papež byl pouhá „dvojka". Hildebrand se rozhodl, že se papež stane jedničkou. Říkám to velmi jednoduše, ale přesně to se stalo. Hildebrand uspěl. Učinil spoustu dobrých věcí. Zrušil některé svatokupecké praktiky v církvi („svatokupectví" je výraz pro zneužívání duchovních věcí kvůli finančnímu zisku, např. obchodování s církevními posty). Zrušil řadu špatných věcí, ale udělal to kvůli svému přesvědčení, že papež má vládnout všemu, včetně králů. Mezi Hildebrandem a císařem Jindřichem IV. se tedy rozhořela dramatická bitva. Jindřich IV. se Hildebrandovi vzepřel a prohlásil: „Já jsem jednička!" Hildebrand odpověděl: „Nejsi! Ať o tom rozhodne lid!" A lid se rozhodl pro Hildebranda. Ten se v dalekých Alpách setkal s Jindřichem, který přicestoval ze severní Evropy. Papež tehdy přebýval v horském domě a nechal císaře po tři dny čekat za dveřmi, ve sněhu a bosého, než se uvolil s ním promluvit. Tímto způsobem ho s konečnou platností sesadil na druhé místo.

2000 LET TĚLA KRISTOVA

Papež se stal na následujících pět století nejvlivnější osobou a papežství získalo moc a kontrolu nad západní Evropou. Církev byla opět říší a právě tento papež založil tradici papežského symbolu, který, k mému znechucení, nosilo i jedno z mých dětí na své školní uniformě – překřížené klíče. První klíč symbolizuje posvěcenou autoritu nad církví a druhý světskou autoritu nad státem. Překřížené klíče, které se zde v Chalfont St. Peter[1] staly součástí městského znaku, jsou ve skutečnosti Hildebrandovým prohlášením naprosté svrchovanosti nad církví i státem.

Církev tehdy začala využívat fyzickou sílu v podobě armády. A protože Hildebrand přesně takto uvažoval, začal se šířením Kristova království silou. Nikdy nedošlo k většímu omylu, než byl tento.

KŘÍŽOVÉ VÝPRAVY DO SVATÉ ZEMĚ

Prvním důsledkem myšlenky, že je použití vojska církví přípustné, byly křížové výpravy. Tou dobou se svatá místa, včetně Jeruzaléma, nacházela v rukou muslimů. Papež, povzbuzován dalšími, rozhodl, že si církev probojuje cestu a zajme Svatou zemi pro Krista. První křížová výprava se zrodila roku 1095. Celé to vymyslel Hildebrand, ale on sám se uskutečnění svého plánu nedožil, ačkoli někteří lidé vyrazili už za jeho života. Podobně jako je dnes móda pořádat pochody (typu „půjdu někam daleko a potřebuji na to sponzory" a podobně), tehdy bylo účelem pochodů právě *tohle*! Všude možně se konaly pochody na podporu křížové výpravy. Lidé se jich účastnili, protože měli v úmyslu přidat se k tažení. Na ramenou nesli „kříž", proto se těmto výpravám začalo říkat „křížové". Pochodovali pod těmito symboly nebo je měli na ramenou jako vojenské výložky.

K první křížové výpravě došlo z iniciativy zanedbaného, obhroublého a fanatického kazatele Petra zvaného Poustevník. Vyrazil v doprovodu desítek tisíc mužů, avšak pouze část jich dorazila do cíle. Většina zahynula ve vysokých tureckých horách. Někteří se

---

1 Městečko západně od Londýna, ve kterém
  autor působil; pozn. vydavatele.

Středověk (1000–1500)

tam ale dostali. Zabrali Jeruzalém a vyrabovali ho. Znásilňovali ženy a v Jeruzalémě vyhlásili tzv. „Kristovu vládu" tím, že pozabíjeli všechny Saracény ve městě. Je to snad křesťanské? Samozřejmě není. Byli oklamáni, tisíce lidí věřilo, že právě taková by měla církev být; pozemská říše, která svou moc upevňuje silou. Jednou z motivací byly slíbené odměny a úlevy. Lidé dostávali nabídku odpuštění všech hříchů, pokud půjdou a budou bojovat za Krista. Byly jim nabízeny odpustky, prominutí určitého počtu let v očistci, ve který lidé už v té době věřili. Bylo jim řečeno, že pokud se zúčastní tažení, budou jim zákonem prominuty dluhy. Zločinci získávali milost a odcházeli z vězení, aby šli bojovat. Asi si dovedete představit, jaká nesourodá banda tímto způsobem vznikla.

Zlákat se nechal i Filip Francouzský, stejně jako anglický král Richard (Lví srdce). Křižáci vyrazili dobýt Jeruzalém celkem osmkrát. Na území Svaté země můžete dodnes spatřit zříceniny křižáckých paláců – najdete je v Akkře či na hoře Chermónu. Byla to ta největší katastrofa, jaká se kdy stala.

Mezi křížové výpravy patřilo i jedno tažení dětí. Dvě tisícovky malých drobečků vyrazily napříč Evropou, aby se pokusily dobýt Svatou zemi pro Krista. Žádné z dětí do cíle nedorazilo. Papež řekl: „Pokud půjdete, andělé vás zázračně zaopatří jídlem." Žádné jídlo se ale neobjevilo a ani andělé nepřišli. Je to neuvěřitelný příběh, ale měli byste si ho přečíst, pokud chcete porozumět pozadí vzniku reformace.

Co bylo hlavní chybou? Přesvědčení, že Kristovo království lze nastolit fyzickou silou.

V té době byl založen řád rytířů sv. Jana Jeruzalémského a řád templářských rytířů – křesťanské rytířské řády. Znělo to velkolepě a vypadalo jako hodné následování. Mladí lidé byli takovými myšlenkami uchváceni a v tisícových zástupech vyráželi na smrt.

Poslední křížová výprava skončila naprostým fiaskem. Armáda zahynula žízní na plochém vrcholu hory zvané Hattínské rohy, obklíčená Saracény. Evropa si tak roku 1270 vydechla úlevou, protože tehdejší papež prohlásil celou záležitost za ukončenou. Je to jeden z nejsmutnějších příběhů církevních dějin. Křížové výpravy ničeho nedosáhly, kromě zla, které způsobily.

Papež se nyní rozhodl, že namísto použití fyzické síly vně církve ji začne používat uvnitř, a zahájil tak další děsivou kapitolu.

INKVIZICE

Pokud jde o věci, které byly v té době spáchány v Kristově jménu, netroufám si zacházet do podrobností. Biskupové se odmítli podílet na této mašinérii krutosti, zloby a podezíravosti, jejímž cílem bylo donutit lidi k poslušnosti vůči oficiální podobě křesťanství. Této úlohy se zhostili dominikáni. Kvůli této děsivé věci, zvané inkvizice, pak dlouhou dobu žilo mnoho lidí ve strachu o život.

Zásadní chybou od počátku bylo, že se církev považovala za pozemskou říši, v jejíž pravomoci je použití fyzické síly k prosazování Kristových cílů. Dnes už víme, že tudy cesta nevede. Víme, že jedinou mocí, kterou smí církev použít, je láska, a k přijetí Krista může lidi motivovat jen láskou a kázáním evangelia. Samozřejmě, že se tato zvrácenost brzy obrátila proti církvi samotné. „Moc má sklon korumpovat," řekl lord Acton „a absolutní moc má sklon korumpovat absolutně." (Toto je mimochodem správná citace jeho prohlášení.) A skutečně korumpovala. Z jednoho papeže byli brzy dva. A ti spolu bojovali o trůn. Potom přibyl třetí papež a lidé se nestačili divit, kam ten svět spěje. Jeden papež sídlil v Avignonu *(Avignon, tam je shon, tam na mostě všichni tančí..., ve francouzštině Sur le pont, d'Avignon).* Neměli tam jen most *(pont)*, ale i papeže *(pontifex)*. A je to! Druhý papež sídlil v Římě. „Který papež je ten správný?" ptali se lidé. Jak vidíte, takové jednání vede k rychlému rozkladu. Nakonec dokázali papežskou moc znovu stabilizovat, ale korupce už vyklíčila a postupně prorůstala směrem dolů.

Podlehly jí i kláštery. Příliš zbohatly. Biskupové postupně získali příliš velkou moc. Korupce došla i do farností a běžného křesťanského života. Došlo na modlitby k Marii. Nikdo nám neřekl, abychom se modlili k Marii. Byla lidskou bytostí jako my všichni. Došlo na modlitby za mrtvé. Na modlitby k svatým. Objevilo se i učení vyvolávající velký strach – o tom, že musíme určitý počet let po smrti strávit utrpením v očistci. Dále pak pohled na Večeři Páně jako na „oběť" vysluhovanou kněžími – „mši svatou". K tomu se přidala zpověď před knězem. Prodávaly se odpustky, které vám za určitou finanční částku ušetřily mnoho let v očistci. Konaly se náboženské poutě. Praktikovalo se uctívání svatých ostatků. Součástí uctívání se staly obrazy. O ničem takovém se v Novém zákoně nepíše. Jakmile se však korupce uchytí, vypadá to, že napadne a zkazí úplně všechno. Když do církve přijde taková moc a bohatství, brzy zničí uctívání a další věci.

V čem spočívala zásadní chyba? Co bylo špatně? Řeknu to jednou větou: církev si začala myslet, že je Kristus – a myslí si to dodnes.

„Pořád to platí?" zeptal jsem se jednoho vysoce postaveného kněze. A on na to: „Ano, to se nikdy nezmění." Probíral jsem s ním i své otázky ohledně Vatikánského koncilu. Řekl jsem: „Podívej, mám jedinou výhradu, vidím jediný problém. Nevěřím, že církev je Kristus, nevěřím, že je církev prorokem, knězem a králem. Věřím, že tím vším je Ježíš."

Narovinu mi odvětil: „O tom nebudeme diskutovat a neudělá to ani Vatikánský koncil, protože tohle se nikdy nezmění."

V tom spočívá základní chyba: Budu-li věřit tomu, že jsem prorokem světa, mohu světu říkat, čemu má věřit, a neomylně mohu tvrdit, co je a není pravda. Budu-li knězem světa, mohu nařídit lidem, aby přijímali mé svátosti a vyznávali mi své hříchy, jinak nedosáhnou spasení. A budu-li si myslet, že jsem králem světa, mohu svou autoritu nastolit, kdekoli mě napadne.

Došlo tu ke zmatku ohledně toho, kdo je hlava církve a kdo je její tělo. Hlavou je Bůh. Tělem je člověk. Hlavou je Kristus a jen on je prorokem, knězem a králem. Nikoli církev. V tom spočívá zásadní rozdíl mezi protestantismem a katolicismem; ten rozdíl je dnes stejně propastný, jako býval kdysi, a situace se nijak nezměnila. V tomto ohledu se neposunula ani o píď.

Ve středověku papežství začalo samo sebe považovat za proroka, kněze i krále a Kristova pomazaného zástupce na zemi. Výroky papeže sedícího na svatém stolci jsou tedy výroky Kristovými. Tato věc je naprosto zásadní. Říkám to v lásce, ale tento problém trvá. Nic se nezměnilo a stále se jedná o největší problém, kterému je třeba čelit. Jedna kniha, která o tom mluví zcela jasně, se jmenuje *Il problema del cattolicesimo*[2] a napsal ji Ital Vittorio Subilia. Půjčil jsem ji kněžím a oni mi po jejím přečtení upřímně řekli: „Je to dobrá kniha. Je to nejlepší protestantská kniha o Římu." Stejným způsobem se o ní vyjádřil římskokatolický tisk. V jednom z komentářů stálo: „Je to nejlepší protestantská kniha, jaká byla o Římu napsána. S absolutní přesností popisuje, čemu věříme. My nezměníme, čemu věříme, a tak to je."

Církev není Kristem a není tedy ani Králem; Boží město je něco, co buduje a tvoří Bůh, nikoli člověk. Kristus řekl: „Já vybuduji svou církev." Neřekl, že ji vybudujete *vy*. Hlavou církve je Kristus, a tak hlavou nemůže být nikdo jiný. Dokonce i v místních sborech se může stát, že se nějaký služebník snaží stát hlavou církve; starší se mohou snažit být hlavou. Já se však modlím, aby vláda nad každým sborem spočívala na *Jeho* ramenou a aby byl hlavou církve Kristus. Nikdo jiný to není a být nemůže. Jakmile se církev začne chovat, jako by byla Kristem, začnou se dít tyto věci.

S radostí konstatuji, že se tenkrát objevila opozice. Po dobu celého středověku, mezi roky 1000 a 1500, vystupovali lidé, kteří říkali: „To není pravda! Tohle není křesťanství. Tak to Ježíš nezamýšlel." Tyto malé skupiny lidí byly známy pod nejrůznějšími jmény. Pro příklad uvedu čtyři z nich.

V Nizozemí to byli takzvaní beghardi. Jednalo se o obyčejné lidi, kteří se scházeli nad Knihou a říkali: „Hlavou církve je Kristus." Potom tu byli valdenští, pojmenovaní podle Valdenského údolí v severní Itálii, kde toto hnutí začalo. Valdenští prohlašovali: „Věříme, že nám tato kniha, Písmo, říká, jaký byl Kristův záměr s církví." Šli za papežem a řekli mu: „Tak to vidíme my. Můžeme být považováni za platnou součást církve, jestliže se budeme řídit touto

---

2 Problém katolicismu; pozn. překladatele.

Středověk (1000–1500)

knihou?" Mohli udělat víc? Chtěli zůstat součástí Římské církve, ale zároveň chtěli zachovat, co učí Kniha. Papež jim však odpověděl: „Ne, pokud uděláte, co máte v úmyslu, budeme vás pronásledovat." A to se také stalo. Valdenští prchali z jednoho údolí do druhého. Další skupinou byli albigenští, kteří žili na jihu Francie. Četli Bibli a říkali: „Nyní rozumíme, jak by měla vypadat církev a jací by měli být křesťané." Naneštěstí proti těmto drahým lidem, albigenským, uspořádal papež nejkrvavější tažení. Byli tu však dva španělští šlechtici, které papež vyslal, aby albigenské pronásledovali až na smrt. Ti se vrátili k papeži a řekli mu: „Ale vždyť jsou to dobří křesťané, žádní zločinci. Nebojují proti vám. Chtějí být součástí církve. Chtějí žít podle svého pochopení Písma." Tito dva muži – jedním z nich byl jistý Dominik – prohlásili: „Pokusíme se takový způsob života zavést i v církvi." A tak vznikli dominikáni, neboli Řád bratří kazatelů. Byli věrnou kopií albigenských. Je tragické, že právě dominikáni později natolik podlehli korupci, že byli ochotni vykonávat inkvizici.

A byli tu i další, například Bratři společného života v Německu. Všechny tyto skupiny existovaly nezávisle na římskokatolické hierarchii. Lidově řečeno, vše stavěli na Bibli. Všichni také zakusili pronásledování až na smrt. Pravá církev vždy čelila pronásledování.

V církvi byli i lidé, kteří to viděli také, ale stáhli se a nechali si svůj názor pro sebe. Jedním z nich byl Bernard z Clairvaux. Byl to velmi vážný mladý muž, ačkoliv v mládí byl vůdcem gangu zlodějů. Poté co během italské války strávil dva roky ve válečném zajetí, se však vzpamatoval. Uvědomil si, že mrhá životem, a stal se vážným mužem. Byl synem francouzského barona, ale vzdal se svého bohatství a společně s dvanácti přáteli odešel do údolí v jižní Francii, které bylo plné lupičů. Tam žil v hrozné bídě, živil se vařenými bukovými listy a bylinami. Bernard každé ráno ve dvě hodiny budil své přátele, aby se modlili. Nedovolil jim ustat v práci, dokud nebylo osm večer. Tak vybudovali společenství v údolí Clairvaux. Bernard se stal jedním z nejmocnějších křesťanů Evropy. Vybral dokonce jednoho z papežů. Učinil to bez jakékoliv hodnosti, bez peněz, bez jakéhokoliv materiálního či psychologického nátlaku. Udělal to, protože byl úžasným křesťanem hodným toho jména. Lidé k němu přicházeli odevšad a žádali ho o radu. A potom on sám začal cestovat a kázat. Bernard z Clairvaux se stal velkým a vlivným člověkem kvůli svému charakteru. Později ho nazývali „papežotvůrcem", protože pomohl Inocentu III. na papežský stolec. V soukromí prostě miloval Ježíše. Martin Luther o něm jednou řekl: „Ze všech mnichů a kněží v dějinách si nejvíce vážím Bernarda z Clairvaux." Je však třeba dodat, že pokud jde o jeho veřejné vystupování, cítil se zavázán podporovat papežství. Někdo o něm moudře řekl, že zbrzdil reformaci nejméně o dvě století. Osobně se domnívám, že tento muž navzdory své úchvatné osobní lásce k Pánu veřejně zdržel události, které se mohly odehrát dříve.

František, téměř jeho současník, se narodil v malém městečku Assisi. Byl to muž, o kterém jste už určitě slyšeli. Životní realita ho zasáhla ve chvíli, kdy na ulici potkal žebráka postiženého malomocenstvím. Prošel kolem něj a přešel na druhou stranu ulice. Jak tak kráčel, hlavou mu bleskl o: „Co jsem to za člověka, když se obrátím zády ke svému bližnímu?" Vrátil se a malomocného políbil. Od té doby začal brát život vážně; hledal Krista a Krista také našel. František kolem sebe shromáždil množství přátel, kteří vyšli po dvojicích a v naprosté chudobě kázali evangelium a získávali lidi pro Krista. Přestože je znám především svým neobyčejným vztahem k ptákům a zvířatům (a jeho láska k přírodě byla neobyčejná), Františka bychom si měli pamatovat jako prvního misionáře muslimů. Dávaje v sázku vlastní život, vydal se za samotným sultánem, hlavou muslimského světa, aby mu kázal evangelium Ježíše Krista. Namísto válečného tažení armády desetitisíců vojáků šel František sám a v chudobě, aby kázal o Ježíšově lásce.

Šlo o výjimečné muže. František a jeho učedníci nosili šedá roucha a vešli tak ve známost coby šedí mniši. Dodnes se můžete setkat se slovem Greyfriars[3] v názvech městských ulic. Dominikáni zas nosili

---

3 Šedí mniši; pozn. překladatele.

Středověk (1000–1500)

černé hábity, a proto se jim říkalo černí mniši. Také jejich jméno, Blackfriars, zmiňují názvy některých ulic v Londýně. Šedí i černí mniši se snažili přinést do církve prostý způsob křesťanského života. Je to ale smutný příběh, protože také oni selhali a podlehli korupci. Františkáni se stali profesionálními žebráky a Dominikáni, jak jsme zmínili už dříve, začali provozovat inkvizici.

Situace doslova volala po někom, kdo by řekl, co je pravda, a řekl by to tak zdatně, že by mu všichni naslouchali a rozuměli. Muž jménem Arnold z Brescie začal roku 1150 hlásat, že do rukou církve by nemělo patřit bohatství ani moc. Postavil se mu však Bernard z Clairvaux a umlčel ho. Potom přišel lékař Marsilius. Po přečtení Bible prohlásil: „Standardem pro církev je Bible, nic jiného. Biskupové a papeži jsou lidským výmyslem." Byl však umlčen. Jeden Angličan působící jako profesor na univerzitě v Paříži, William Ockham, říkal totéž, ale i jeho umlčeli.

Nakonec došlo na rodáka z Yorkshiru, muže, jenž bývá nazýván jitřenkou reformace. Jitřenka je hvězda, kterou lze vidět i ve chvíli, kdy už vychází slunce. Přišel do Oxfordu jako brilantní student. Stal se tamním profesorem, hodně pak cestoval a získal přezdívku „doktor evangelia"[4]. Jistě si domyslíte proč. Jmenoval se John Wycliffe a znovuobjevil Bibli. Myslím, že více než kdokoli jiný před Martinem Lutherem. Pochopil, co Bible říká, a začal protestovat proti papežským zlořádům.

Bylo proti němu vydáno celkem pět papežských dekretů. Tehdy se jim říkalo „buly". Vzali ho do Canterbury, aby ho soudili, ale on se bránil Písmem, jediným zákonem platným v církvi. Řekl: „Hodlám přeložit Bibli z latiny do angličtiny. A postarám se, aby ji znali i venkované." John Wycliffe překládal Bibli s nejvyšší pečlivostí, protože věděl, že když ji vložíte do rukou obyčejných mužů a žen, dáte jim odpověď na veškerou korupci v církvi. Bez ustání na tom pracoval a dokázal to.

---

4 Doctor Evangelicus

Shromáždil kolem sebe skupinu kazatelů, kteří pak procházeli vesnicemi s Wycliffovým překladem Bible v ruce a kázali na návsích. Byli to rovněž dobří zpěváci. Zpívali evangelium, a kdekoli se skutečně káže evangelium, uslyšíte ho i zpívané. Říkalo se jim „ti, kdo zpívají ukolébavky" – lollardi[5]. Něco se dělo a brzy to mělo vést k úžasným věcem.

Udělejte si výlet a navštivte městečko Amersham. Projděte ulicí Station Road, odbočte doleva kolem domů a dojděte až na pole. Stojí tam památník na počest lidí zaživa upálených vlastními dětmi, které byly přinuceny zapálit hranice pod svými rodiči. Proč? Protože je nachytali v amershamských lesích, jak si čtou Bible – k tomu je přivedli Wycliffe a lollardi. Dodnes tam stojí památník. Měli byste to vědět. Toto se odehrálo v chilternské oblasti, ale Wycliffe chodil všude. Je zajímavé, že on sám zemřel během pokojného kázání coby farář v Letterworthu (vedle dálnice M1, jižně od Leicesteru). Sám jsem kostel v Letterworthu navštívil. Johnu Wycliffovi by to místo zlomilo srdce. Je římštější než samotný Řím. Skrze dým z kadidla použitého během liturgie jsem sotva viděl. Tak vypadá místo, kde Wycliffe kázal Slovo a odsuzoval korupci v církvi.

Poté byl v Oxfordu. S Oxfordem bývala úzce spjata další evropská univerzita, Univerzita Karlova v Praze. Jejím rektorem byl chudý venkovský hoch, který své postavení získal tvrdou dřinou. Také on se jmenoval Jan (John), Jan Hus. Ten se doslechl o Wycliffovi a začal číst jeho knihy. Kázal v Praze o stejných věcech jako on. Nakonec byl zatčen a z rozsudku papeže upálen. A jeho příznivci a následovníci byli posíláni na smrt.

Víte, co udělali Angličané, když se dozvěděli o Husově upálení? Církevní autority se vypravily do Letterworthu, vykopaly tělo Johna Wycliffa a spálily je na hranici. Jeho popel pak vysypali do vod řeky Swift. Kdosi k tomu řekl: „Tak jako řeka Swift předá popel řece Avon, tak jako Avon předá popel řece Severn, tak jako Severn předá popel

---

5 Sloveso lollen/lullen v angličtině znamenalo
   zpívat ukolébavku; pozn. překladatele.

Středověk (1000–1500)

kanálům při pobřeží a tak jako tyto kanály předají popel oceánům, tak se bude učení Johna Wycliffa předávat po celém světě." Bylo to úžasné proroctví.

Nyní jsme dospěli k počátkům něčeho vzrušujícího. Cítíte to? Jistě chápete, že věci už nemohly pokračovat dál stejným způsobem. Lidé nemohli takové zneužívání církve nadále tolerovat. Začínali chápat – protože nyní mohli číst Bibli ve svém rodném jazyce. Kamkoli se Bible rozšíří, tam se děje přesně totéž. Dává věci do pořádku. Nyní se dostávám k poslednímu bodu: reformaci nezpůsobilo jen zneužívání církve, ale také to, že lidé vstupovali do věku objevů a začaly je napadat nové myšlenky.

Bylo tomu tak v *hmotné* oblasti. Kryštof Kolumbus objevil Ameriku, Koperník objevil, že Země obíhá kolem Slunce, nikoli naopak, Galileo přiložil dalekohled ke svému slábnoucímu zraku a zahleděl se na hvězdy. Byl to počátek éry vědy, kdy člověk bude věci zpochybňovat.

Navíc to byla také éra objevů v *duševní* oblasti: lidé znovu objevili řeckou literaturu a umění. Na Rafaelových obrazech můžete pozorovat, jak návrat antické kultury začíná, protože než Konstantinopol obsadili Turci, byly poklady řeckého umění přestěhovány do Itálie. A nové umění a vzdělání se šířilo dál.

Díky vynálezu knihtisku rostla úroveň vzdělanosti. Jedním z největších učenců té doby byl muž jménem Erasmus. Kromě mnoha dalších věcí začal zkoumat Nový zákon v řečtině a Starý zákon v hebrejštině. Znovuobjevoval staré věci a poznával nové. Erasmus řekl: „Vytvořím tak přesný překlad Nového zákona, že i ženy, Skoti, Irové, Turci a Saracéni dokáží pochopit jeho poselství!" Omlouvám se, ale tak to řekl. Vytvořil tedy přesný překlad Nového zákona, místo slova „odčinit" se objevilo „pokání" a opravil spoustu dalších věcí, které byly v tehdejších překladech Bible špatně.

Lidé kromě těch ohromných objevů z duševní oblasti – umění, hudby a sochařství, zkrátka všeho, co nazýváme renesancí, zjistili i to, že pokud je na tom člověk lépe intelektuálně, neznamená to nutně, že na tom je lépe i morálně. Mluvíme tu o době, kdy si papežové plnili palác uměleckými poklady, o období Cesara a Lukrécie Borgiových, o nejnemorálnější papežské rodině v dějinách.

Renesance se týkala čistě myšlení a kultury. Neřešila lidskou potřebu hřešit. Celý svět teprve čekal na muže, který znovuobjeví spásu, na muže, jenž se utká s morálním problémem lidské rasy a postaví se pronikání světa do církve; na muže, který se ponoří do Bible a na základě vlastní zkušenosti s hříchem a spasením znovuobjeví tajemství křesťanské moci měnit svět a měnit lidi, kteří v něm žijí. Tím mužem byl mnich, Martin Luther. Učinil nejvýznamnější objev 16. století a tento svůj objev i zveřejnil, čímž získal tisíce lidí pro pravdu o Ježíši Kristu. Jak pozoruhodné! Renesance ovlivňovala myšlení, avšak reformace měnila morálku. Dotýkala se skutečného problému, kterým nebyl nedostatek vědomostí, nedostatek vědeckých poznatků ani nedostatek hudby, umění či kultury, jakkoli jsou všechny tyto věci prospěšné. Lidé ve skutečnosti potřebovali objevit, že postrádají Ježíše Krista a evangelium, které zachraňuje.

/ *Kapitola pátá* /

REFORMACE

31. října 1517 přibil Martin Luther svých 95 návrhů k diskuzi, neboli *tezí*, na dveře wittenbergského kostela, které sloužily jako nástěnka k podnícení veřejných debat. Tento den je všeobecně považován za počátek reformace. Někteří lidé se dnes domnívají, že to bylo spíše 1. listopadu. Mohlo tedy jít buď o halloweenský večer (předvečer svátku Všech svatých), nebo o samotný den tohoto svátku. Nicméně se to stalo někdy během toho týdne. Za podstatnější však považuji datum 15. června 1520, kdy Martin Luther zapálil oheň, a v něm spálil tři věci: papežem podepsaný pergamen, kde stálo, že je Luther vyloučen z církve; knihu s názvem Kanonické právo, podle které měl jako mnich a kněz žít; a dokument, jenž měl potvrzovat právo papežů zastupovat Krista na zemi, o němž již Luther věděl, že jde o padělek.

Proč měl tento oheň mnohem větší význam než papír přibitý na dveře kostela? Martin Luther si totiž v předchozích třech letech začal klást správnou otázku, kterou si v době wittenbergských tezí ještě nekladl. V počátcích nenapadal *systém* jako takový, ale pouze jeho *zneužívání*. V roce 1520 však zapálil samotný systém.

Dovolte, abych to vysvětlil. Představte si, že přinejmenším několik občanů země pociťuje lehkou nespokojenost s vládou. Musejí si položit otázku: Mohou za to konkrétní lidé ve vládě, nebo je špatně celý vládní systém? V čem je chyba? To je ta důležitá otázka. Je třeba si ji klást v církvi, stejně jako v politice.

2000 LET TĚLA KRISTOVA

V době, kdy Martin Luther přibíjel teze, se domníval, že systém je v pořádku. Jedna z jeho tezí říkala: „Kdyby papež věděl, jak prodavači odpustků odírají jeho stádo, raději by svatopetrský chrám vypálil do základů, než aby jej postavil na kůžích a kostech svých ovcí!" Vyvedl jej, chudáka, z omylu sám papež. Když se papež dozvěděl, že částka vybraná na území Německa klesla asi na třetinu své původní výše, nechal ho z církve vyloučit, protože způsobil takový finanční propad. Papež raději stavěl svatopetrský chrám z kůží a kostí a Luther se mýlil. Vedlo ho to k otázce: Je tedy špatný celý *systém*? Došel k závěru, že ano. Proto roku 1520 rozdělal oheň, který znamenal skutečný přelom. Předtím se snažil církev důkladně očistit. O tři roky později ji začal bourat. Předtím se domníval, že vše může vyřešit náprava. Nyní si uvědomoval, že je potřeba mnohem víc.

Položím vám otázku: Je reformace uzavřenou záležitostí? Je pouze otázkou historie? Modlil jsem se za svatou smělost, abych tuto otázku řešil spravedlivě a upřímně. Dovolte mi začít upřímností. Jednou jsem se zúčastnil setkání místních protestantských služebníků a členů církve. A byl jsem za troubu, který jakmile otevře pusu, způsobí trapas – zmínil jsem reformaci a byl vzápětí důrazně upozorněn, že je to v dané situaci více než nevhodné. Protestanti se už o reformaci nezajímají. Je pro ně součástí mrtvé historie a v protestantských kruzích nepatří k dobrému chování o reformaci mluvit. Troufl jsem si zmínit mezi protestanty reformaci a oni mě vytahali za ucho.

Dostalo se mi ale také výsady navštívit římskokatolický seminář pro kazatele v Arklow, které leží v jihovýchodním koutě Irska. Kromě jiných témat jsem s tamními učiteli a lektory hovořil o reformaci. Chtěli slyšet, co si o ní myslím, a pak otevřeně diskutovat. Řekl jsem: „Myslím, že otázky, které tehdy vyvstaly, jsou dosud živé a nebyly vyřešeny."

Odpověděli mi, že si myslí přesně totéž.

Vedli jsme spolu nanejvýš přátelský rozhovor zakončený příjemným posezením u čaje. Domů jsem se vrátil až po třech hodinách společného povídání. Je pozoruhodné, že mohu o reformaci hovořit s římskými katolíky, ale mezi protestanty se o ní nesmím

Reformace

ani zmínit! Taková situace naznačuje konečnou odpověď na otázku, kterou bych rád položil: Je reformace uzavřenou záležitostí? Je věcí historie? Stručná odpověď zní, že rozhodně není! Ale vzhledem k tomu, že nebojujeme proti lidem, ale proti principům, musíme umět rozpoznat, kde leží bitevní linie, protože přední linie se od Lutherových dob přesunula jinam.

Dovolte mi říci, že si Martin Luther dokázal během tří let správně srovnat žebříček hodnot. Určil si sedm priorit, sedm věcí, které dříve považoval za druhořadé, ale později je přesunul na první místo. Věřím, že by si tyto priority měl ujasnit každý křesťan.

1. DÁVAL PŘEDNOST *SVĚDOMÍ* PŘED *AUTORITOU*

Lidé, kteří mají na prvním místě svědomí a teprve za ním podřízenost autoritám, vždy měnili a vedli svět. Bezpáteřní améba, která nedokáže udávat směr, nemůže vést. Svět se vždy nechává vést lidmi, kteří mají odvahu pramenící z přesvědčení; lidmi, kteří mají odvahu říci jasně, poctivě a v lásce, že se věci ubírají špatným směrem. Takovým člověkem byl i Martin Luther.

Žijeme ve společnosti, kde se svoboda přesvědčení považuje za samozřejmost, a tak je pro nás obtížné pochopit, jaké je žít v zemi, kde tomu tak není, kde nesmíte věřit tomu, co vám říká vaše svědomí, a držet se náboženství, o kterém jste přesvědčeni. Přesto dnes takovým okolnostem čelí asi polovina světa. V zemích, kterým říkáme totalitní, má stát naprostou kontrolu nad lidmi, a to jak nad jejich myslí, tak nad jejich tělem. Ve 20. století jsme měli v Británii sklon brát svobodu projevu za samozřejmost, ale je třeba myslet na to, že se Martin Luther narodil do světa, kde lidé nesměli přemýšlet tak svobodně, jak jim velelo jejich svědomí.

Něco nového se však začínalo drát na povrch. Abyste ale měli představu o tom, v jakém světě vyrůstal, prostudujte si tragický příběh Galilea, který pomocí svého dalekohledu objevil pravdu o vesmíru. Církev prohlásila: „Tomu nesmíte věřit! A nesmíte to učit. My vám povíme pravdu o vesmíru." V tehdejším světě takové věci neříkal stát; to církev určovala, čemu má svět věřit a jak se máme chovat. Martin

Luther se stal velikánem, protože patřil k lidem, kteří hlásali: „Své svědomí stavím nad autority, pod něž jsem postaven. Takový je můj postoj, nemohu jinak. K tomu mi dopomáhej Bůh, amen!" Co však těmto slovům předcházelo? Řekl: „Není bezpečné ani čestné, aby někdo musel jednat proti vlastnímu svědomí!" Byl to člověk, který stavěl svědomí na první místo. Svět stále potřebuje lidi, kteří budou upřednostňovat svědomí navzdory jakémukoli sociálnímu nátlaku. Lutherův krátký traktát o křesťanské svobodě velmi dobře odhaluje jeho přesvědčení, že každý má mít ve věcech náboženství a víry svobodu následovat hlas svého svědomí. Tuto svobodu dnes mnozí berou jako samozřejmost, ale pro většinu lidstva je stále nedostupná.

Dokonce i nekonformní lidé se dnes přizpůsobují. Tak snadno se necháváme vést. Tak snadno se necháme ovlivnit tlakem okolí. Mladí lidé, kteří se staví proti současnému zřízení – jen se na ně podívejte, jak lehce se přizpůsobují jeden druhému! To, co chceme, je však opravdový nekonformní člověk, který by řekl: „Za tím si stojím. A je mi jedno, jak na mě kdo bude tlačit. Tak je to správné a já to udělám, ať už si o tom kdokoli myslí nebo říká cokoli. Za tím si stojím." Martin Luther byl mužem, jenž dával přednost svědomí před autoritou a před jakýmkoliv tlakem, kterému musel čelit.

2. DÁVAL PŘEDNOST *PRAVDĚ* PŘED *JEDNOTOU*

Svědomí je věc vrtkavá; pokud nemáte správně nastavenou tuto druhou prioritu, může vás svědomí svést na scestí. Martin Luther byl mužem, pro kterého byla pravda důležitější než jednota. Jeho svědomí nemohlo svévolně následovat každé hnutí, touhu či lákavý rozmar srdce. Jeho svědomí bylo zajatcem. Sám říkal: „Mé *svědomí je zajatcem Božího slova*." To znamená, že kladl pravdu před jednotu.

Uvědomujete si, že v západní Evropě existovala dobrých tisíc let jen *jedna* denominace, jen jedna církev? Martin Luther v posledních deseti letech života velmi často čelil obvinění, že se provinil zločinem rozdělování církve; byl to rozvraceč. Jednou z nejhorších věcí, kterou kdy udělal, bylo prý rozdělení církve Ježíše Krista. Dnes to lidé vyslovují častěji než kdy dřív. Já si však velice vážím Martina

Luthera za to, že postavil pravdu před jednotu. Řekl, že existuje něco důležitějšího než udržet církev pohromadě, totiž *pravda*. Uvědomil si, že muži a ženy nejsou zachraňování jednotou církve, ale pravdou evangelia. I kdybyste hned zítra sjednotili všechny církve, množství lidí, kteří budou zachráněni, se tím nezvýší. Ve skutečnosti je potřeba, aby se v těchto církvích kázala pravda evangelia. Jinými slovy, pravda je důležitější než jednota.

Troufám si tvrdit, že právě tohle dnes zoufale potřebujeme, a to kvůli chytlavému slovíčku *jednota*. Jednota je dnes módním hitem, a pokud se nepřidáte k proudu, budete extrémně neoblíbení. Je to výkřik světa, který se vlivem rozvinuté dopravy a populační exploze smršťuje. Je nám jasné, že se musíme naučit spolu žít. Ať už politicky, obchodně či jinak, *jednota* je výkřikem naší doby. A církev jako by zachytila ozvěnu tohoto volání a křičí: „Jednota! Jednota! Jednota!"

Chci říci, a to velmi rozhodně, že současná doba volá po mužích a ženách, pro které bude pravda důležitější než jednota. Řeknou: „Sjednotíme se pouze na jediném základě, a to na pravdě evangelia." V rámci této pravdy chceme mít tolik jednoty, kolik je možné. Nicméně jednota, kvůli níž bychom museli překročit hranice pravdy, nás nezajímá." Takový postoj měl Martin Luther. Říkali mu: „Podívej, vždyť ty rozděluješ církev, která tu byla tisíc let. Copak je ti to jedno? Přestaň a nech církev na pokoji. Jestli budeš pokračovat, tak ji zničíš." Martin Luther ale řekl, že je zajatcem Božího slova a že pravda je na prvním místě. Pravda evangelia je důležitější než jednota církve. Věřím, že právě toto je dnes zapotřebí, po nějakých pěti stech letech, kdy se ozývá ohromné volání po jednotě – obávám se, že na úkor pravdy. Co je pravda? Toho se týká třetí priorita. Kde najdete pravdu? Jak víte, že ji má on, nebo vy, nebo někdo úplně jiný? Kde je ta pravda, na které můžeme stavět naši jednotu?

3. DÁVAL PŘEDNOST *PÍSMU* PŘED *TRADICÍ*
Možná vás překvapí, že Martinu Lutherovi bylo už dvacet let, když si poprvé přečetl Bibli, ačkoli byl vychován coby oddaný člen církve a připravoval se na život ve svatosti. Během čtení s údivem zjistil,

že se v ní nepíše o mnoha věcech, které mu byly vštěpovány jako nezbytné součásti křesťanské víry a chování. Listoval jí tam a zase zpátky a myslel si: „Není tu nic o modlitbách k Marii. Není tu ani slovo o modlitbách k svatým. Nepíše se tu o ostatcích a obrazech. Není tu nic o očistci. Nic o odčinění hříchů." Tak pokračoval a začal se ptát: „Odkud se ty věci vzaly?" Na své otázky dostal oficiální odpověď: „Jsou to církevní tradice, které jsou Božím slovem stejně jako tato kniha."

Čelil těžkému rozhodnutí. Měl před sebou dvojí Boží „slovo" – jedno psané a druhé mluvené, jedním bylo Písmo a tomu druhému se říká tradice. Řekli mu: „Obojí je pravda a ty musíš obojí přijmout." Martin Luther však dospěl do bodu, kdy prohlásil: „Pravda je zapsaná zde a každá tradice jakékoli církve, která kdy existovala, musí být prověřena tímto základním měřítkem pravdy." Když to dělal, začal tradici odhazovat.

Všichni jsme tradiční stvoření. Naše sbory mají své vlastní zvyklosti. Máme nebiblické tradice. Každá církev si vytvoří své tradice, které pak věrně předává novým členům v domnění, že cokoliv se v církvi udělá nebo řekne, má stejnou váhu. Jenže nemá. A tradice dané církve musí vždy podléhat Božímu slovu – Písmo je nad tradicí. Takový postoj dnes zoufale potřebujeme; potřebujeme, aby se naše sbory změnily na základě následujícího měřítka: Co o tom říká Boží slovo? Takový by měl být základ každé církve, která si troufá nosit Kristovo jméno. Podle Písma musíme prověřovat všechny naše tradice.

Jednou jsem se setkal s mužem jménem Edoardo Labanchi[1]. Tento člověk vyučoval na teologické fakultě v Římě a k jeho studentům patřila i „smetánka" mezi římskými kněžími – jezuité. Předtím byl misionářem římskokatolické církve na Srí Lance a navštívil tam jeden letniční sbor. Tato zkušenost ho vedla k přemýšlení. Vrátil se do Říma a vyučoval Nový zákon. Jenže potom nastal čas, kdy během studia

---

1 Edoardo Labanchi: jeho svědectví si můžete přečíst v knize Far from Rome Near To God (Daleko od Říma, blízko Bohu; pozn.překladatele); vydavatelství Banner of Truth.

Písma došel k závěru – stejně jako před staletími Martin Luther (který byl rovněž profesorem teologie) – že už nemůže studenty učit tradice, jako by to bylo Boží slovo a čistá pravda, když nejsou v Bibli. Svým vyučováním se připravil o práci. Pokračoval tím, že v Římě školil evangelisty, kteří šli do celé Itálie. Způsobila to Kniha a právě ona ho přivedla do stejného bodu jako Luthera: Písmo je nad tradici. Každá tradice, kterou dodržujeme, musí být prozkoušena svatým Božím slovem. Potřebujeme lidi, kteří mají tyto priority nastavené správně.

Britská církevní rada (British Council of Churches) v Nottinghamu jednou prohlásila: „Tuto otázku můžeme vyřešit ve sjednocené církvi." Nadchla mě reakce Baptistické jednoty, která jako jediná mezi anglickými denominacemi odepsala toto: „Nikoli. Nejdříve to musíme vyřešit a potom se teprve sjednotit." Tak má vypadat upřednostňování pravdy před jednotou a Písma před tradicemi. Pokud se budeme pokoušet sjednotit naše tradice, nikam se nedostaneme. Jsou příliš rozdílné. Jsou příliš různorodé. Pokud však řekneme „Písmo na prvním místě" a tradice až na druhém, pak se, myslím, někam dostaneme.

4. DÁVAL PŘEDNOST *VÍŘE* PŘED *SKUTKY*

Největší otázkou, jakou si můžeme položit, je tato: Jak se mohu smířit s Bohem? Jak mohu získat odpuštění hříchů? Jestliže vás nikdy netrápila otázka, jak získat odpuštění, jak můžete doufat, že dokážete obstát před Bohem? Během jedné bouřky Martin Luther málem přišel o život, a to v něm vyvolalo strach ze smrti. Začal se bát setkání s Bohem, protože neměl odpuštěné hříchy. Zoufale se snažil s tím něco udělat. Byl to velký problém pro Martina Luthera a je to velký problém pro každého, protože každý jednou zemře a potom přijde Soud.

Jak získat odpuštění? Když se objevil John Tetzel a nabízel ho prostřednictvím odpustků, Martin Luther věděl jistě, že tudy cesta nevede. Řekl, že odpuštění koupit nelze. Potom v této úvaze pokračoval dál a uvědomil si následující: Jestliže si nemůžeme koupit odpuštění, pak si ho ani nemůžeme zasloužit.

Nemyslím, že by nějakého křesťana napadlo chtít si koupit od Boha odpuštění za peníze. Ale udivuje mě, kolik křesťanů si stále myslí, že si je mohou zasloužit! Vím, že existují stovky lidí v mnoha komunitách, kteří tomu skutečně věří. Řekli mi to. Prý: „Nikdy jsem nikomu neublížil a snažím se dělat něco dobrého." Ptáte se, proč to říkají? Protože doufají, že si tímto způsobem zaslouží jít do nebe. Kdybyste se zeptali lidí ze světa, jak se podle nich může člověk zachránit a přijít do nebe, odpoví: dobrými skutky. Kdybyste se v dobách Martina Luthera zeptali církve, slyšeli byste: „Ne, to nestačí. Potřebuješ dvě věci. Musíš věřit a musíš dělat dobré skutky." Pokud byste tuto otázku položili přímo Martinu Lutherovi, řekl by vám: „Je potřeba jen jediné: musíte věřit."

Jsou tu tedy tři různé odpovědi. Každé náboženství se hlásí k některé z nich a křesťanství patří pod tu třetí: Věř v Pána Ježíše a budeš zachráněn. Martin Luther to měl srovnané správně – co nás zachraňuje, je *víra*. Směsice víry a dobrých skutků nás nespasí a už vůbec se nezachráníme dobrými skutky. Protože upřímně, na světě není jediný člověk, který by jich dokázal udělat dost!

Prohlášením reformace, které přešlo ze Starého zákona do Nového a odtud k Martinu Lutherovi, bylo: „Spravedlivý bude žít z víry". To prohlášení je: nikoli dobrými skutky, nikoli vírou a dobrými skutky, ale vírou – tečka. A tento latinský citát *sola fide*, v překladu *pouze vírou*, se stal velikým praporem reformace. Pouze vírou – člověk věří, a tak jde do nebe.

V tomto okamžiku by někdo mohl podotknout: „No, ale dobré skutky ke křesťanství přece patří, ne?" Ano, patří. Uvědomil si to i Martin Luther a zformuloval to následovně (nemyslím, že to lze vyjádřit lépe): „Jsme spaseni, nikoliv *skrze* dobré skutky, ale *pro* dobré skutky." Řečeno ve zkratce, dobré skutky neděláme proto, abychom se dostali do nebe, děláme je, protože do nebe jdeme. Což je naprosto odlišný úhel pohledu.

Martin Luther tedy chápal, že dobré skutky mají své místo, ale nikoli jako prostředek k získání spasení, nikoli jako vstupenka do nebe. Jsou vyjádřením víry, která otevřela nebeské království, což učinila pro každého, kdo věří. I tuto hodnotu tedy postavil na správné místo: víru před skutky.

Je tento problém neaktuální? Naopak! Kohokoli zastavíte na ulici a zeptáte se: „Věříte, že půjdete do nebe, pokud nebe existuje? Jak myslíte, že se vám to může podařit?" Zjistíte, že tento problém je stejně živý jako tehdy. Uslyšíte, že vám svět odpoví: „Děláním dobrých skutků. Být laskavý ke svým blízkým. Pomáhat trpícím." Pán nám řekl, že tyto věci máme dělat, ale neřekl: „Tím si zasloužíte odpuštění." Stejně tak neřekl: „Díky tomu se dostanete do nebe." Je tragické, že i dnes, stejně jako za dnů Lutherových, existují v církvi kazatelé, kteří hlásají, že ke spasení je třeba obojího – víry i skutků. Jednou z posledních publikací dnes už zaniklého nakladatelství Baptist Press byla teologická kniha, která tvrdila přesně to, že jsme zachraňováni vírou a skutky. Prý když se s tím ztotožníme, můžeme se znovu sjednotit s Římem. My jsme však ospravedlněni skrze víru a máme pokoj s Bohem. Martin Luther měl správně srovnaný žebříček hodnot. Nejsme spaseni *skrze* dobré skutky; jsme spaseni *pro* dobré skutky.

5. DÁVAL PŘEDNOST *MILOSTI* PŘED *SVÁTOSTMI*

Luther byl vychován ve víře, že máme sedm svátostí. (Bývalo jich čtrnáct.) Říkali mu, že každý člověk potřebuje Boží milost. Boží milost je prý obsažena ve svátostech, takže ji získáváte přijímáním svátosti. Tento pohled vedl k přesvědčení, že svátosti fungují samy o sobě, bez ohledu na to, kdo je vysluhuje nebo kdo je přijímá, protože Boží milost je přímo ve svátostech. Lidé věřili, že díky „magickému" křtu provedenému s miminkem, které nic nechápe, knězem, o jehož charakteru by se dalo pochybovat, bude toto miminko zachráněno před zatracením.

Navíc věřili, že chléb a víno používané během bohoslužby se v určitém okamžiku stávají skutečným tělem a krví Ježíše. Kněz je pak nabízí Bohu jako oběť, a to nikoli u stolu, ale na oltáři. Kalich jste si vzít nesměli, ale když jste dostali hostii, na váš život automaticky sestoupila Boží milost.

Martin Luther se nad tím zamyslel a došel k závěru, že něčemu takovému nemůže věřit. Věděl, že Boží milost je nutností, ale v Bibli nenašel ani zmínku o tom, že by se milost skrývala ve svátostech, které působí automaticky. Začal chápat, že bez víry jsou svátosti k ničemu. Bez víry není milost, protože „milostí jste byli zachráněni skrze víru" – nikoli tedy skrze svátosti, ale skrze víru.

Potřebujeme to zdůrazňovat a klást mezi priority i dnes? Věřím, že jedna věc, která brání tisícům našich spoluobčanů najít Krista, je jejich upřímné přesvědčení, že je zachránil novorozenecký křest a jím se stali křesťany. Takovéto pověrčivé a magické chápání svátostí, jaké bylo obvyklé ve středověku, stále ještě není minulostí. Potkal jsem ženy, které odmítaly byť jen odejít na nákup, dokud jejich děťátko nebude „hotové" (pokřtěné). Dovolte mi říci toto: Jestliže ke stolu Páně nepřicházíte s vírou, žádnou milost v chlebu ani vínu nenajdete. A můžete čelit horší situaci, než je „vůbec žádná milost"; můžete čelit soudu. Milost není rozdělena do svátostí. Milost plyne jako řeka. Přitéká zdarma a poznat ji může i ten nejprostší věřící, který ještě ani nebyl pokřtěn a nikdy nešel k Večeři Páně. Kdyby tomu tak nebylo, musel bych věřit, že stovky mých přátel z Armády spásy neznají Boží milost, protože nemají žádné svátosti. Ale já vím, že milost mají. Neustále o ní zpívají a jsou nadšeni poznáním, že mají Boží milost. Milost není balena do svátostí, ale vchází do těch, kteří věří v Boha.

Pán Ježíš vám daroval jen dvě svátosti – křest a Večeři Páně – řekl Martin Luther. Abychom byli spravedliví, nutno podotknout, že Luther tyto věci nikdy nedomyslel až do konce a měl ohledně křtu a Večeře Páně poněkud rozporuplné názory, jak by museli uznat jeho nejbližší přátelé. Nicméně se mu podařilo správně nastavit žebříček hodnot: milost je před svátostmi. Nalezněte Boží milost a teprve potom budou svátosti něco znamenat.

6. DÁVAL PŘEDNOST *LIDEM* **PŘED** *KNĚŽÍMI*

Luther se narodil do církve s pyramidovou strukturou: úplně dole byli lidé a vrchní patra (velmi zřetelně oddělená) zaujímali kněží. Uvnitř panovala hierarchie, pyramida moci. Na vrcholu této pyramidy byl

Reformace

papež. Pod ním kardinálové, biskupové, nejrůznější mnišské řády a pokračovalo to až dolů, k místnímu faráři.

Rozděleny byly i budovy, kde se konaly bohoslužby; na jedné straně seděl kněz a na opačném konci všichni ostatní – lidé. Na jedné straně se nosily římské tógy, nyní nazývané sutany, kdežto na druhé straně měli všichni obyčejné šaty. Napříč kostelem vedla jasná dělicí čára: klerici – laikové; kněží – lidé.

Když jste se podívali na duchovenstvo, viděli jste pyramidu moci stoupající výš a výš. Martin Luther se na to podíval a řekl: „Začnu odshora. Co dává tomu muži právo sedět na vrcholu? Nic." Pak sestoupil o kousek níž. „Jaké je biblické zdůvodnění pro úřad biskupa?" A odpověděl si: „Žádné." Pokračoval níž a řekl si: „Kněží. Jaké opodstatnění pro jejich existenci lze najít v Písmu?" A odpověď byla opět: „Žádné." Nakonec dospěl k neuvěřitelnému, ale nádhernému znovuobjevení, které nazval *kněžství všech věřících*. Všechny lidi viděl jako kněží a všechny kněží jako lidi. Pochopil, že mezi nimi není vůbec žádná dělicí čára. Uvědomoval si, že lidé mají v církvi různá povolání, ale rozdíly viděl právě jen ve funkci, v ničem jiném. Podobně jako mají rozdílné funkce orgány v těle. Nazýval je tedy služebníky – těmi, kdo slouží tělu. Knězem je však každý věřící. Prohlášení, že v církvi neexistuje kněžstvo, ale pouze lidé, kteří jsou kněžstvem, bylo revoluční. A proto tento někdejší římskokatolický profesor, který původně vyučoval kněží Bibli v latině, začal o tři roky později překládat tuto knihu do obecné, jednoduché němčiny, aby ji mohl dát lidem.

Luther byl člověkem z lidu, a to původem i prostředím (jeho otec byl chudým horníkem). Luther byl ale zároveň člověkem z lidu svým křesťanským přesvědčením. Prohlásil: „Bibli by měli mít lidé, nikoli kněží." A pokračoval: „Hodlám dát lidem Bibli přeloženou do německého jazyka takovým způsobem, že ji děvečka zametající podlahy bude znát lépe než kněží." To se mu také podařilo, dal jim Bibli v jejich vlastním jazyce. Hledal způsob, jak lidem navrátit jejich kněžství, tedy znovu objevit jejich novozákonní postavení, kde nejsou jiní kněží než všichni věřící.

Byl by takový protest v dnešní době neaktuální? Dvě třetiny vyznávajících křesťanů na světě stále žijí pod kněžstvem a hierarchickým vedením. Tento protest zoufale potřebujeme i dnes. Pojďme prolomit dělení věřících na duchovní a laiky, na kněze a obyčejné lidi. Není to biblické. My *všichni* jsme služebníky, *všichni* jsme částmi Kristova těla, *všichni* jsme kněží, *všichni* jsme lidé. A slovo *laikové* znamená *Boží lid*. My *všichni* jsme laiky, *všichni* jsme kněžstvo a *všichni* jsme v Kristu. Luther definoval církev, která je cele tvořena lidmi, je cele tvořena kněžstvem, v němž neexistují žádné rozdíly ani pyramidy moci. Znovu opakuji, že to zoufale potřebujeme i dnes.

7. KLADL *KRISTA* NAD CÍRKEV, *HLAVU* NAD *TĚLO*

Toto byl klíčový bod, největší problém. Vzpomínám si, jak se mě jednoho sobotního odpoledne můj učitel církevní historie zeptal, v čem podle mě spočíval největší konflikt období reformace. Dal jsem mu následující odpověď a on souhlasil: „Martin Luther zpochybnil myšlenku, že Kristus a církev jsou jedno." Zpochybnil myšlenku, že církev může pro lidi udělat totéž co Kristus. Zpochybnil samotnou ideu, že církev je Kristus a že tělo nyní plní veškeré funkce hlavy. Dovolte, abych vysvětlil, co tím myslím.

Potřebuji proroka, který by mi sdělil neomylné slovo a pravdu Boží. Kdo je tímto prorokem? Hlava, či tělo? Martin Luther řekl: „Mým neomylným učitelem je hlava." Řím však tvrdil: „Nikoli. Neomylným učitelem je tělo." A tato otázka nás více než cokoli jiného rozděluje dodnes: víra v neomylnost církve.

Potřebuji *kněze*, skrze kterého bych přicházel k Bohu. Kdo je tímto mým knězem? Reformátoři říkají: „Ježíš Kristus, hlava, je tím knězem, a abych mohl přicházet k Bohu, nikoho jiného nepotřebuji." Věříme tomu dodnes; skrze Ježíše Krista můžete k Bohu přistoupit kdykoli. Máte-li hříchy, které potřebujete vyznat, jděte za svým knězem, jenž je v nebesích, a vyznejte mu je. Římští však říkali: „Církev, která je jeho tělem, je mým knězem, a tak musím své hříchy vyznávat tělu."

Potřebuji krále, jenž by mi vládl, říkal mi, co mám dělat, a usměrňoval mé jednání. Kdo je mým králem? Protestanté říkají:

Reformace

„Králem je má hlava v nebesích." Odpověď Římských však zní: „Králem je Kristovo tělo na zemi a musí tedy vládnout."

Zde leží zásadní rozpor. Martin Luther to pochopil a měl odvahu nazvat papežství Antikristem. Musíme však správně porozumět, co tím myslel, protože jeho tvrzení bylo naprosto pravdivé. Nemyslel tím, že by byl papež *proti* Ježíši. To nebyl. Předpona *anti* neznamená *proti*. V současné moderní angličtině ano[2], ale tehdy tomu tak nebylo a neplatilo to ani na stránkách Nového zákona. Původní význam tohoto slova byl *místo (koho nebo čeho;* pozn. překladatele). Kdokoli se staví na Kristovo místo, je *anti Krist*. Na tomto základě obvinil Luther Římskou církev, že je Antikristem. Řekl: „Je to Kristus, ke komu máme přicházet, ale vy tvrdíte, že musíme přicházet skrze vás. Stavíte se na Kristovo místo. Tělo se staví na místo hlavy."

Oni na to reagovali velmi zásadním prohlášením. Říkali: „Ale! Jestliže je hlava v nebesích a někdo na zemi k ní chce přijít, nemusí to snad udělat skrze tělo? A není tedy hlavou tohoto těla na zemi (a teď pozorně poslouchejte!) Kristův vikář?" Slovo *vikář* znamená *ten, kdo stojí na místě jiného*. *Vikariát* je úřad, kde *někdo zastupuje jinou osobu*. A pokračovali: „Kristus samozřejmě potřebuje dostat své učení z nebe na zem. Jak by to měl udělat? Skrze svého vikáře, kterým je papežský nástupce v Římě." Martin Luther to promýšlel a přišel s následujícím biblickým závěrem. Ano, Kristus potřebuje mít na zemi nějakého vikáře, který by mluvil jeho jménem, a tím vikářem je Duch Svatý. Duch Svatý mluví k lidem ve jménu Krista.

Dovolím si to shrnout takto. Martin Luther v podstatě řekl, a každý, kdo přijímá Nový zákon, musí říkat totéž: „Nebudu mít jiného kněze než Ježíše Krista a jiného vikáře než Ducha svatého." V tom spočívá základní kámen reformace. Kristus je hlavou, to On zachraňuje. Jestli potřebujete odpuštění hříchů, já vám je dát nemohu. Ani žádná církev nemůže. Musíte jít k Ježíši Kristu, knězi, ke kterému jsme šli my. A musíte jít, protože stejný Duch svatý, který mluvil k nám, mluvil také k vám.

---

[2] I v češtině; pozn. překladatele.

2000 LET TĚLA KRISTOVA

Je tento spor součástí dávno mrtvé historie, nebo je důležitý i dnes? Je tato bitva u konce? Nikoli. Kudy tedy prochází bitevní linie? S veškerou upřímností a bolavým srdcem prohlašuji, že tato linie už neprochází mezi protestanty a římskými katolíky. Lidé, kteří střílejí tímto směrem, zaspali dobu. Tragédií je, že spousty a spousty protestantů si v uplynulém století špatně seřadili priority. Bitva se nyní vede mezi evangelikály na jedné straně a mnohými protestanty a římskými katolíky na straně druhé. Předkládám vám ke zvážení úsudek jistého francouzského profesora, který ve své knize *The Heirs of the Reformation*[3] napsal: „Kdo jsou skuteční dědicové Martina Luthera? Dnešní protestanté? Ne. Jsou to evangelikálové, kterým je Písmo nade vše a Ježíš Kristus nade všechny." To je to místo, kde se odehrává bitva, a bude to bitva velice obtížná. Volá po mužích a ženách, kteří i dnes říkají: „Zde stojím a nemohu jinak."

Závěrem mi dovolte dodat ještě dvě věci. Zaprvé, nebojujeme proti lidem. Nejsem proti římským katolíkům a nejsem ani proti protestantům. Jsem však proti všemožným „ismům". Jsem proti systémům. Chci milovat lidi, ať už se jedná o kohokoli; milovat je jako lidi, po nichž touží Pán, jako lidi, kteří chtějí pravdu takovou, jaká je v Ježíši Kristu. Našel jsem pro ně ve svém srdci lásku, ale nenávidím systémy, které lidi oslepují vůči pravdě, a modlím se za spravedlivé rozhořčení, abych byl tak odvážný dnes, jako byl ve své době Martin Luther.

Druhou věcí, kterou bych rád řekl, je tato, protože vím jistě, že se na ni ptáte. Proč bojovat v době, kdy lidé chtějí být spolu? Proč se hádat o těchto věcech? Vždyť je to jen doktrinální hašteření. Proč se všichni nespojíme? Nakonec přece uctíváme stejného Boha. Proč pokračovat v boji v době, kdy lidé touží více po toleranci než po pravdě, v době, kdy jsou všichni přátelští a dávají se dohromady? Nebylo by to tmářské, není to návrat do středověku? Proč bojovat? Protože *toto* je Boží pravda a žádná jiná, tak proto. Protože v sázce je spása duší, tak proto. Pokud někomu řeknete, že ho spasí křest, odsoudíte ho k prokletí. Pokud někomu řeknete, že se usilovnou

---

[3] Dědicové reformace; pozn. překladatele.

prací dostane do nebe, posíláte ho přímo do pekla. Přestože by bylo hezké dobře vycházet s každým na této zemi, bez ohledu na jeho postoj vůči Bohu, věčný život nás čeká až v tom příštím světě, kde se setkáme s Bohem Ježíše Krista. A je to právě tento Bůh, který poslal Ježíše Krista, aby se obětoval za hříchy; aby byl *jediným* knězem, kterého potřebujeme, aby nás nakonec přivedl do nebe, zachráněné jeho převzácnou krví. Toto je Ježíš, kterého kážeme. V sázce je spása nesmrtelných duší. Stojí za to pro ně bojovat? Nebo byste raději měli na svědomí, že ve jménu míru dovolíte lidem, aby říkali, dělali a mysleli si věci, které způsobí, že stovky lidí půjdou špatným směrem a budou na věčnost ztraceni? O to tu jde.

Chvalte Boha za Martina Luthera, za jeho upřímnost, za jeho odvahu postavit se sám za to, co věděl, že je správné a pravdivé. A modlete se k Bohu, aby opět povolal mnohé, kteří budou v lásce vyhlašovat pravdu a říkat: „Zde stojím a nemohu jinak." Jednat proti svému svědomí není bezpečné a ani upřímné. Mé svědomí je zajatcem Božího slova, a tak kladu svědomí před autoritu. Kladu pravdu před jednotu. Písmo před tradice, víru před skutky, milost před svátosti a lidi před kněží – ve skutečnosti jsou věřící kněžími. A Krista před církev a před cokoli a kohokoli jiného.

Zde leží jádro problému. Martin Luther vyvýšil Krista a vedl lidi, aby odpoutali zrak od ostatních lidí, protože on sám na začátku své cesty hleděl na příliš mnoho lidí. Modlil se k svatým, každý den ke třem, k jednadvaceti různým svatým za týden. Modlil se k Marii. Vydával se na poutě, aby mohl pohlédnout na relikvie a svaté obrazy. Pak ale pochopil, že nic z toho mu nemůže zajistit odpuštění hříchů. Později si o tom promluvil se svým duchovním nadřízeným von Staupitzem, který mu řekl: „Martine Luthere, jestliže odstraníš všechny věci, které nazýváš berličkami skomírající víry, jestliže odstraníš Marii, svaté, obrazy, pykání za hříchy a pouti, jestliže tohle všechno odstraníš, co pak postavíš na jejich místo?" Vzpomínáte si, co mu Martin Luther odpověděl? „Ježíše Krista." Člověk potřebuje pouze Ježíše Krista, a pokud to budeme říkat a budeme to říkat jasně, lidé budou spaseni, protože se budou dívat na něho.

/Kapitola šestá/

REFORMÁTOŘI, ŘÍMŠTÍ KATOLÍCI A RADIKÁLOVÉ

Reformace, kterou zahájil Martin Luther, se stala revolucí, protože se měnilo stále více a více věcí a do reformace se zapojili další lidé. Měli bychom se podívat zejména na tři skupiny lidí. Zaprvé na reformátory. Začali jsme Martinem Lutherem, ale byli tu i další. Zadruhé se podíváme, co v této době dělala římskokatolická církev. Jak reagovala na dění v Německu? A zatřetí bych se chtěl podívat na skupinu lidí, kterým se říká radikálové.

REFORMÁTOŘI
Povíme si o reformátorech ze tří různých zemí: z Německa, Švýcarska a Anglie. Pokaždé si také položíme otázku, jak moc se ta která země změnila a kdo tuto změnu způsobil.

REFORMACE V NĚMECKU
Kdo byl původcem změny? Jak jsme si ukázali, byl to Martin Luther. Kolik toho změnil? Odpověď zní, že v průběhu prvních čtyř až pěti let svých epochálních objevů změnil Martin Luther obrovské množství věcí. Zbavil se papeže, biskupů, odpustků a učení o očistci. Zbavil se velké spousty věcí a svátosti seškrtal ze sedmi na dvě.

Následovalo období krize, kdy se musel ukrývat na hradě Wartburg. Když se vrátil ze svého úkrytu, ke své hrůze zjistil, že někteří z jeho přátel posunuli změny mnohem dál a mnohem rychleji, než zamýšlel. Pravdou je, že se Martin Luther v určitém okamžiku přestal o další změny pokoušet. V důsledku toho ponechal řadu věcí, které praktikoval Řím. Jednalo se například o svíce na oltáři – což měl ve zvyku Řím, ale v Bibli je nenajdete; ponechal krucifixy, jak si i dnes můžete povšimnout v luteránských kostelích; a ponechal rovněž ikony a obrazy. A především si zachoval svůj tradiční pohled na Večeři Páně a křest včetně způsobu jejich provádění. Do určité míry stále věřil, že se chléb a víno mění ve skutečné tělo a krev Kristovu. Nikdy to zcela nepřekonal. Zachovával praxi křtění nemluvňat, a když se ho lidé ptali, zda není ke křtu potřeba víra, odpovídal: „A kdo může tvrdit, že to nemluvně víru nemá?"

Vidíme, že Martin Luther původně změnil skutečně ohromující množství věcí, ale potom šlápl na brzdu, zanechal změn, a luterská církev, jak stojí a leží, zůstala dodnes přesně tam, kde se zastavil on. Když vezmeme v úvahu, že luterány počítáme mezi protestantské církve, při návštěvě jejich církevní budovy by vás překvapilo mnoho věcí.

Tímto jsem se pokusil odpovědět na otázku: „Co všechno změnil?"

Pokud se však zeptáme, kdo přesně ony změny zavedl, dostaneme spíše zarážející odpověď. Luther k zavedení změn do praxe přiměl knížata. Jinými slovy šlo o státní záležitost.

Luteránství bylo stejně jako římské katolictví státním náboženstvím a Luther se od samého počátku opíral o knížata a zvláště o saského kurfiřta Fridricha; spoléhal na ně, že změny budou prosazovat odshora. Muže, kteří vládli zemi, uznával Luther jako vůdce církve. V konečném důsledku to vedlo k rozhodnutí Špýrského sněmu, podle nějž měla každá oblast Německa přijmout náboženství svého vládce. Pokud jste například bydleli v oblasti, jež náležela knížeti římskokatolického vyznání, byli jste římskými katolíky.

Vidíte to slabé místo? Vidíte, v jakém bodě se reformace v Německu zastavila? Zaprvé se zastavila dříve, než proběhly všechny potřebné změny, a zastavila se též na rozhodnutí, že část obyvatel Německa nezíská svobodu následovat své svědomí – svobodu, kterou měl Martin Luther. Rozhodli, že některé části Německa budou protestantské a ostatní zůstanou římskokatolické.

Reformátoři, římští katolíci a radikálové

Paradoxně právě tehdy vzniklo slovo protestant, když se skupina lidí důrazně vzepřela a *protestovala* proti takovému rozdělení, kdy se říkalo: „Každý, kdo žije *zde*, bude vyznávat *toto* náboženství, a každý, kdo žije *tam*, bude vyznávat *tamto* náboženství."

Byl to stát, kdo řešil tuto náboženskou otázku, a důsledky na sebe nenechaly dlouho čekat. Na počátku 17. století se katolické státy spojily a vytáhly do války proti protestantům, kteří se rovněž spojili, a vypukla Třicetiletá válka. Toto je „přirozený důsledek" podobných chybných rozhodnutí. Dříve či později tu máte náboženské války.

Tolik k Německu. Tento způsob uvažování se rozšířil z Německa do Dánska, Švédska a Norska. Každá z těchto zemí přijala luteránství za své státní náboženství, tedy za náboženství každého svého občana.

REFORMACE VE ŠVÝCARSKU

Martin Luther nezačal reformaci ve Švýcarsku a ani s ní nepomáhal. Vyvíjela se po svém a v jejím srdci stáli dva muži. Jedním byl německý Švýcar a druhým Francouz. Oním německým Švýcarem byl Ulrich Zwingli, obyčejný římskokatolický farář, jenž působil v malé vesničce v německé části Švýcarska. Protestantem se stal během četby svého řecky psaného Nového zákona. Stalo se mu prakticky totéž, co Martinu Lutherovi. Při četbě Nového zákona si uvědomil, že se mnoho věcí, které hlásal ze své kazatelny, nezakládá na pravdě. Zajímavé je, že Zwingli dostal nabídku stát se knězem katedrály v Curychu. Ocitnete-li se někdy v Curychu, běžte se na katedrálu podívat. Zwingli povstal a kázal; kázal nové pravdy, které našel ve své knize. Strhl s sebou celý Curych. Mimo jiné prohlásil, že není správné, aby měl papež vojsko, a aby do jeho vojska byli verbováni švýcarští žoldáci. Pokud navštívíte Vatikán, zjistíte, že švýcarské jednotky stráží město dodnes. Zwingli proti tomu opakovaně kázal, ale samozřejmě vystupoval také proti mnoha dalším věcem. Nakonec se zřekl věrnosti papeži a oženil se. Zdá se, jako by tyto dvě věci často kráčely ruku v ruce. Mnozí další kněží následovali jeho příkladu.

Nakonec se mu podařilo přesvědčit městskou radu (všimněte si), aby vyhlásila, že se každý, kdo žije v Curychu, musí stát protestantem.

Opět došlo ke stejné strašlivé chybě, ale oni ji dovedli do konce, a každý se stal oficiálně protestantem.

Všechna curyšská údolí se stala protestantská. Potíž spočívala v tom, že to neplatilo pro lidi v horách, takže netrvalo dlouho a mezi obyvateli hor a lidmi z údolí propukly boje. Válka trvala dva roky a během ní byl Zwingli, který ve válce sám bojoval, zabit v městečku Kappel.

A opět stejný vzorec: obrátit se na stát, obrátit se na světskou moc, aby zavedla vaše náboženské názory, vede k válce.

Než Zwingli zemřel, dostal se do ostrého sporu s Lutherem ohledně Večeře Páně. Luther tvrdil, že chléb *je* tělem a víno *je* krví Ježíše; Zwingli říkal, že chléb je prostě chléb a víno je víno – symboly jeho krve a těla. Domnívám se, že to byl důvod, proč se Němci a Švýcaři nedokázali během reformace spojit.

Nyní se ve vyprávění našeho příběhu přesuneme do Francie, kde žil mladík jménem Jan Kalvín, syn právníka narozený v Pikardii. Otec ho poslal studovat práva, a tak odjel na univerzity do Paříže, pak do Orléansu a do Bourges. Zde si Kalvín vypěstoval své proslulé logické myšlení. A zůstal právníkem až do dne své smrti – svým projevem, myšlením a svými ničivými argumenty. Byly to právě Kalvínovy argumenty, které tolik lidí přesvědčily, aby se stali, jak dnes říkáme, kalvinisty. Odjel do Paříže, studoval řecký Nový zákon a roku 1532 dospěl ke změně svého smýšlení.

Kolik křesťanů v dnešní době studuje Nový zákon v řečtině? Setkal jsem se s jedním úplně obyčejným křesťanem, který si od rána do večera vydělával na živobytí rukama, a přesto si našel čas naučit se řecky, aby si mohl číst Nový zákon v originále. Byl jeden sbor, založený v minulém století, v němž se nemohl stát členem nikdo, kdo nedokázal číst Nový zákon v řečtině. Zajímavé, že? Čtení Nového zákona v řečtině vám vřele doporučuji. Proměnilo Luthera. Proměnilo Zwingliho a nyní i tohoto muže, Jana Kalvína.

Za pár měsíců skončil kvůli svým křesťanským názorům ve vězení – v Paříži. Když ho konečně pustili, utekl a stal se uprchlíkem putujícím z místa na místo. V šestadvaceti letech se ocitl ve švýcarské Basileji a rozhodl se, že své názory sepíše. Dílo nese název *Instituce učení*

Reformátoři, římští katolíci a radikálové

křesťanského náboženství. Každý svazek obsahuje nějakých 600 stran textu a dodnes je dílo považováno za jeden z nejdůležitějších výkladů protestantské víry na světě. Nutno podotknout, že obsahuje pár věcí, nad nimiž byste zvedli obočí, například pokud šlo o jeho vztah k nedělím. Hájil dopolední účast na shromáždění stejně přesvědčeně jako odpolední partičku bowlsu[1]. On sám se tím řídil a byl to právě Jan Kalvín, jemuž vděčíme za tzv. kontinentální neděle[2]. To je taková malá zajímavost o Kalvínovi jen pro vás! Řekl však i spoustu mnohem důležitějších a hlubších věcí, než je tato.

Kalvín především věřil, že Bůh je na trůně. Věřil v Boží svrchovanost, a že Boží vůle je konečným faktorem, který rozhoduje o osudu národů i jednotlivců. A právě pro jeho obrovský důraz na Boží svrchovanost a učení o předurčení jsou dnes lidé, kteří smýšlí podobně, nazýváni po Kalvínovi – kalvinisté. Kalvín věřil, stejně jako Martin Luther, Zwingli a další reformátoři, že na trůně je Bůh a že právě On má absolutní kontrolu nade vším a nad každým. Na šestadvacetiletého mladíka to bylo úctyhodné dílo, které ovlivnilo směřování dějin.

Jan Kalvín prchal z místa na místo a jednoho dne, když se pokoušel o návrat do Francie, zjistil, že mu cestu přehradila jakási menší bitva. Pokusil se jít oklikou, ale nepodařilo se mu do večera dojít na místo, kam měl ten den namířeno. Proto se uložil na noc tam, kde právě byl. Tím místem byla Ženeva a Kalvínova zajížďka se nakonec protáhla na dvacet let. Ženeva se stala celosvětovým centrem presbyteriánské víry. Je to neskutečný příběh. Rychle se rozkřiklo, že mladý Jan Kalvín, autor známého spisu, přicestoval do Ženevy. Místní farář, čestný člověk jménem William Farel, přichvátal do hostince, kde Kalvín nocoval, a řekl: „Chci, abyste tu zůstal. Koncil před rokem rozhodl, že Ženeva bude protestantská." Mimochodem, povšimněte si, že se to stalo i zde. Pokračoval: „Dopadlo to špatně. Lidé se opíjejí jako dřív a hrají o peníze stejně jako dřív. Lidé se nemění, a tak

---

1 Hra podobná francouzskému pétanque; pozn. překladatele.
2 Kontinentálníneděle je aktivně trávená neděle,
v kontrastu s tzv. anglickými nedělemi, kdy se striktně
dodržoval odpočinek; pozn.překladatele.

potřebujeme člověka, jako jste vy, Jane Kalvíne. Potřebujeme vás, zůstaňte," naléhavě ho prosil. A Jan Kalvín řekl: „Dobře, zůstanu."

Jan Kalvín se tedy stal reformátorem Ženevy. Abyste věděli, byl pěkně přísný. Nebyla s ním žádná legrace. Klidně vytáhl člověka před kostel a vydal ho soudci za to nebo ono. Pořádně městem zametal, dokud se z něj nestalo slušné město. Říkám město, ale musíme mít na paměti, že města jako Ženeva tehdy čítala jen kolem 13 tisíc obyvatel. Přísnou disciplínou vyčistil město a stal se tak neoblíbeným, že o tři roky později odsud musel utéct, aby si zachránil život. Uprchl do Štrasburku, ale po jeho odchodu se řád ve městě zhroutil a věci šly zase od desíti k pěti. Městská rada se tedy usnesla, že pošlou Kalvínovi dopis s žádostí: „Vraťte se prosím zpátky!" A Jan Kalvín byl zpět.

Po návratu pokračoval v reformách. Tentokrát zašel se svými změnami ještě mnohem dál. Například odstranil krucifixy, svíce a (mohu to říct?) dokonce i varhany. Říkal, že lidé by měli zpívat. V zavádění změn zašel mnohem dál než Martin Luther. Založil také podnes známý systém presbyterního vedení církve, v němž se scházeli zástupci z řad laiků, pastorů a starších a společně dohlíželi na sbory příslušné oblasti.

Ženeva se stala místem, kde protestanté hledali útočiště. Našlo je zde přes šest tisíc lidí, kteří prchali před pronásledováním. A samozřejmě si osvojili Kalvínovy myšlenky. Když se později mohli bezpečně vrátit do své vlasti, brali si s sebou i Kalvínovy názory na víru a vedení církve. Kalvín se však dopustil stejné chyby, totiž že spojil církev a stát. V tomto případě však neřekl, že má stát vládnout církvi, ale naopak církev státu. V Ženevě sice k válce nedošlo, ale jinde ano.

Vliv Ženevy zasáhl až do Francie a tamní protestanté se hlásili spíše ke Kalvínovi než k Lutherovi. Vešli ve známost coby hugenoti a jejich počty dramaticky narůstaly. Pokud jste dávali v hodinách dějepisu pozor, vzpomenete si, že jedné strašlivé noci, 24. srpna 1572, bylo 22 000 francouzských hugenotů zavražděno, 2 000 z nich přímo v Paříži. Byli vydáváni na smrt po celé Francii. A ten, kdo přežil, uprchl, mnozí do Anglie a Nizozemí.

Reformátoři, římští katolíci a radikálové

REFORMACE VE SKOTSKU

Zemí, kterou Ženeva ovlivnila ze všech nejvíce, bylo Skotsko. V souvislosti s reformací musíme zmínit především čtyři významné Skoty. Patrik Hamilton zahájil reformaci severně od hranic. V roce 1528 ho upálili, ale jeho práci převzal George Wishart, který předtím pobýval ve Švýcarsku. Avšak i s ním udělali krátký proces. Mužem, který to nakonec skutečně dokázal, byl John Knox. Tento muž barvité povahy vystudoval univerzitu v Glasgow a později se stal kaplanem skotské armády na hradě St. Andrew. Hrad zabrali Francouzi, Johna Knoxe zajali a prodali do otroctví, na galeje. Byl tedy otrokem, vesloval na galeji, ale Angličané ho zachránili. Vrátil se do Anglie, znepřátelil si královnu Marii, uprchl na starý kontinent a do Ženevy – k Janu Kalvínovi.

Mladý John Knox v té době dostatečně uzrál, aby tyto myšlenky přijal, a po svém návratu do rodného Skotska prohlásil: „Pane, dej mi Skotsko, nebo zemřu!" Pán mu Skotsko dal a Knox započal své dílo. Bohužel také přesvědčil skotský parlament, aby roku 1559 přijal protestantství. Roku 1560 se konalo první celonárodní shromáždění, ale už o rok později se vrátila krásná a lstivá Marie, královna skotská. Svou krásou a lstí si omotala kolem prstu prakticky celou protestantskou šlechtu ve Skotsku. A pak to přišlo – Marie, královna skotská, a John Knox konečně stanuli tváří v tvář. Je to nanejvýš dramatický příběh, a pokud vás zajímají dějiny, určitě si ho musíte přečíst.

Po skončení občanské války, během níž byla Marie zajata a abdikovala ve prospěch svého tehdy ročního syna Jakuba, byla sťata královnou Alžbětou I. Anglickou za velezradu. John Knox zvítězil a Skotsko přijalo presbyteriánství.

Skotská církev v mnohém odráží církev v Ženevě, zatímco anglická má mnohem blíže k luteránství. Církev ve Skotsku za vše vděčila Johnu Knoxovi. Po jeho smrti převzal vedení poslední velký Skot, kterého bych rád zmínil, Andrew Melville. Ten řekl králi Jakubovi: „Sire, ve Skotsku jsou dva králové a dvě království. Je tu král Jakub, jehož jsem věrným poddaným, a potom je tu Pán Ježíš Kristus, jehož poddaným je Jakub a všichni, kdo patří do jeho církve."

REFORMACE V ANGLII

Anglická reformace byla typickou ukázkou anglického kompromisu. Prostě se tak nějak protloukáme a říkáme: „Jo, to půjde." Nejednáme podle principů, jsme příšerně pragmatičtí. Ptáme se: „Funguje to?" a „Co funguje, to je správné."

Začalo to samozřejmě králem Jindřichem VIII. a jeho touhou oženit se s jinou ženou. Měli byste vědět, že se tato událost často chybně vykládá, a lidé ji nesprávně chápou. Dovolte mi předložit nějaká fakta: Jindřich VIII. se s Kateřinou Aragonskou oženil z donucení a jejich svazek byl nezákonný, protože byla vdovou po jeho bratrovi. Nikdy si ji tedy vzít neměl, ale pod tlakem okolí – včetně papeže, který mu udělil svolení k nezákonnému sňatku – se musel z politických důvodů oženit. Všechny děti, které Kateřina porodila, přišly na svět mrtvé. Kromě jediného – malé Marie, jež později vstoupila do dějin coby nechvalně proslulá Krvavá Marie. Jindřich neměl žádného syna, který by pokračoval v tudorovské linii, a věděl, že pokud zemře bez mužského potomka, po jeho smrti vypukne občanská válka. Mnozí obyvatelé Anglie tehdy považovali nastalou situaci za znamení Božího soudu. Věřili, že Bůh nedal králi syna, protože vstoupil do nezákonného sňatku. Takové bylo pozadí nastalé situace.

Potom Jindřich potkal Annu Boleynovou a skutečně se do ní zamiloval. Mohla by být dobrou královnou a jeho zákonnou manželkou. Vidíte, jak se to zamotává? Nesnažím se Jindřicha VIII. nijak ospravedlňovat, jen vám předkládám fakta. Požádal papeže o anulování svého prvního (nezákonného) sňatku, ale politická situace se mezitím změnila, a tak papež z politických důvodů odpověděl: „Ne, speciální výjimku na zrušení sňatku dostat nemůžeš." Jindřich tedy řekl: „Tak dobře, od této chvíle nebudu papeže poslouchat." Král krok za krokem odděloval anglickou církev od papeže, stejně jako je Anglie oddělená od kontinentu Lamanšským průlivem. Například učinil sám sebe „hlavou církve". Když uvážíme, že Jindřich byl také trochu teologem, jednalo se o ohromující krok. V mládí napsal knihu namířenou proti Martinu Lutherovi. Papež byl z této knihy, která obhajovala sedm římských svátostí, tolik nadšený, že dal Jindřichovi

Reformátoři, římští katolíci a radikálové

titul „Ochránce víry". Tento titul náleží britským vladařům dodnes a můžete jej nalézt i na mincích, které nosí Britové po kapsách.

Jindřich se pak oženil s Annou Boleynovou – zejména díky tomu, že na post canterburského arcibiskupa dosadil svého přítele Thomase Cranmera. Cranmer řekl: „Zruším tvé první manželství, protože jsem přesvědčen, že to byl nezákonný svazek. Můžeš si vzít Annu Boleynovou." Tajně pak tuto svatbu i odsloužil. Jindřich se učinil hlavou církve a rozešel se s Římem. Potřeboval tehdy peníze, a tak zkonfiskoval bohaté kláštery a jejich pozemky rozprodal, čímž v Anglii vytvořil tzv. střední třídu, poprvé v dějinách Anglie, což významně ovlivnilo a dosud ovlivňuje společenský život země.

Jindřich toho učinil více, ale rád bych, abyste porozuměli, že jeho záměrem nebylo učinit z Anglie protestantskou zemi. Chtěl, aby věci zůstaly, jak byly, tedy kromě klášterů, protože jejich věrnost papeži byla samozřejmě dost silná. Přál si, aby anglikánská církev fungovala úplně stejně jako doposud, jen s tím rozdílem, že místo papeže ji povede on sám. To bylo, stručně řečeno, co chtěl, ale nepočítal přitom s několika okolnostmi. Nepočítal s tím, že William Tyndale bude horečnatě překládat Bibli do angličtiny. Tohoto muže štvali napříč celou zemí, musel uprchnout na kontinent a nakonec byl upálen na hranici. Tyndale nám však daroval Bibli v angličtině. Během Jindřichovy vlády získal každý sbor v Anglii jednu kopii a lidé si ji vůbec poprvé mohli přečíst. Všimněte si, že kdykoli dostanou lidé příležitost číst Bibli, jsou vysvobozováni a začnou se dít ty nejpozoruhodnější věci. William Tyndale byl ten muž, který prohlásil, že z milosti Boží dokáže, aby i chlapec tlačící pluh na anglických polích znal tuto knihu lépe než sám papež! A přesně to se začalo dít – lidé začali Bibli číst.

Jindřich nepočítal ani s muži, jako byl Thomas Cranmer, který protestantské myšlenky ze srdce podporoval. Nepočítal se spoustou dalších lidí.

Mezi lidmi vládlo všeobecné rozhořčení vůči papeži, který dosud vybíral v Anglii peníze – těmto různým odvodům a daním bylo zvykem říkat „svatopetrský haléř". A Jindřich nepočítal ani s muži, jako byli Thomas Cromwell a Latimer.

Jindřich v závěru své vlády ze strachu z rychle probíhajících změn popravoval jak katolíky, tak protestanty. Po jeho smrti zavládly nepokoje. Trůn však zanechal devítiletému chlapci, Eduardovi VI., který byl, přes své mládí, velmi upřímným křesťanem. Hluboce ho ovlivnily názory Thomase Cranmera, arcibiskupa z Canterbury. Byl nakloněn k tomu, aby se Anglie změnila. Během jeho krátké vlády se stalo několik věcí: zaprvé, kněží získali svolení se ženit; zadruhé, Večeře Páně převzala protestantský charakter a „oltáři" se začalo říkat „stůl". Zatřetí, a to bylo ještě důležitější, bohoslužby se začaly konat v angličtině namísto latiny a byla vydána „Kniha společných modliteb"[3] určená pro všechny – nejen pro kněží, kteří stojí vpředu a jediní rozumí latině, ale byla to kniha běžných modliteb, které se mohli modlit běžní lidé.

Po druhém revidovaném vydání si zachovala název Kniha společných modliteb. Dodnes se v podstatě nezměnila a stále se hojně využívá, ačkoli se ve 20. století začala v anglikánské církvi objevovat nová revidovaná vydání. Je to nádherná kniha plná oddanosti Písmu.

Jedno z nařízení, které bylo zavedeno za Eduarda VI., byla povinnost kněží kázat alespoň čtyřikrát do roka! Dává nám to zajímavý vhled do stavu, v jakém se anglikánská církev tehdy nacházela.

Dále byly, pod Cranmerovým vedením, sepsány tzv. Náboženské články. Původně jich bylo 42, ale později byly seškrtány na 39. Tyto články stanovily protestantský charakter anglikánské církve.

Za Eduardovy vlády se také začali z Evropy vracet uprchlíci a přicházeli do Cambridge, mé staré univerzity. Ze Štrasburku se vrátil také proslulý profesor teologie Martin Bucer, který vyučoval studenty protestantskému chápání Kristova evangelia.

Mladičký král ale zemřel a na trůn nastoupila jeho nevlastní sestra, dcera španělské matky, Marie. Pokrevně poloviční, ale smýšlením čistokrevná Španělka se provdala za Filipa Španělského a více času

---

[3] The Book of Common Prayer; pozn. překladatele.

Reformátoři, římští katolíci a radikálové

než ve vlasti trávila v zahraničí. Byla odhodlána přivést Anglii zpět pod křídla Říma. Na 1200 ženatých kněží přišlo o práci. Kyvadlo se přehouplo zpět na druhou stranu a Sněmovna lordů i Dolní sněmovna musela pokleknout před kardinálem Polem, jenž byl vyslán z Říma, aby přijal Anglii zpět pod autoritu papežského stolce.

Během Mariiny vlády byly popraveny téměř tři stovky skvělých křesťanů, a ona si tím vysloužila onu hrozivou přezdívku Krvavá Marie. Zaslouženě. Během svých cest po Anglii vídám jasné stopy. Jeďte se podívat do Oxfordu, na hlavní ulici u Balliol College. Stojí tam památník dvou mužů, Latimera a Ridleyho, kteří byli během Mariiny vlády upáleni pro svou protestantskou víru. Možná znáte Latimerova slova k Ridleymu. „Buď udatný, mistře Ridley. Dnes z Boží milosti zapálíme v Anglii takovou pochodeň, jaká, věřím, nebude nikdy uhašena." Až pojedete do Oxfordu, podívejte se na památník a vzpomeňte na ně.

Za Mariiny vlády canterburský arcibiskup Cranmer pod velkým tlakem podepsal listinu, v níž odvolal změny, jež udělal. Jenomže člověk se tak snadno nezmění a on ve svém srdci věděl, že udělal chybu. Krátce na to se i on ocitl v plamenech. Když ho připoutávali ke sloupu, prohlásil, že hluboce lituje odvolání svých protestantských postojů. Svou ruku, kterou odvolání podepsal, strčil do plamenů a sledoval, jak se mění v popel. „Ruka, která podepsala takový papír, musí být spálena jako první," řekl. V Gloucesteru byl upálen Hooper a mnoho dalších lidí také skončilo na hranici. Možná jste už slyšeli o ohních ve Smithfieldu. Za vlády Marie byli upáleni čtyři biskupové, jeden arcibiskup a mnoho kazatelů.

Jistě si dovedete představit, že když na trůn nastoupila Alžběta I., všichni si vydechli úlevou. V očích papeže a mnoha dalších lidí byla samozřejmě nemanželským dítětem. Papež prohlásil, že právoplatnou dědičkou trůnu je Marie, královna skotská.

Pronásledování skončilo a proudy uprchlíků se vracely do Anglie. A bylo to právě za vlády Alžběty I., kdy vznikl ten typicky anglický zmatek, kterému dnes říkáme anglikánská církev[4]. Alžběta totiž neměla ráda Skoty. Neměla ráda Johna Knoxe. Neměla ráda Ženevu. Líbily se jí tradiční vyumělkované bohoslužby. Měla ráda roucha a rituály, takže ji nijak netěšila představa, že by se bez nich měla obejít. Řekla, že druhé vydání Eduardovy Knihy společných modliteb je příliš protestantské, a učinila několik změn – zpět do katolické podoby. Zrušila společná setkání kněžích ke studiu Písma, což byla věc, která do té doby přinesla mnoho dobrého. Jenže Alžbětě se nelíbilo, že se kněží scházeli nad Biblí.

Nemohla však vrátit čas, o což se předtím pokusila Marie, a Alžbětinské urovnání se zastavilo na půli cesty. Jestli chcete vědět, proč dnes můžeme mít v rámci anglikánské církve evangelikály i anglo-katolíky, musíte se vrátit k Alžbětě I., protože když prostřednictvím parlamentu prosadila takto poloviční věci, otevřela dveře pro vznik této nesourodé směsi.

Kniha společných modliteb je dodnes převážně (i když ne zcela) protestantská a 39 článků, které byly za Alžbětiny vlády dopsány, jsou nádherným vyjádřením protestantské víry. Kazatel, jenž káže podle těchto 39 článků, káže evangelium. Žel ne každý to skutečně dělá, nicméně ta kniha taková je. A je v ní dostatek protestantství na to, abychom měli naprosto evangelikální a protestantskou anglikánskou církev. Zároveň však umožňuje i jiný vývoj, k čemuž také později došlo.

Alžběta zemřela jako neoblíbená královna, ačkoli se jistého času těšila velké popularitě. Bylo to v době, kdy se španělský král Filip II., rozlícený popravou Marie, královny skotské, nechal slyšet: „Obsadíme Anglii silou a přivedeme ji zpět k papeži". Poslal výpravu 160 lodí a 30 000 mužů útočných oddílů námořnictva (známé pod názvem Armada). Shromáždil svou armádu na břehu Lamanšského průlivu, aby se mohla přeplavit, jakmile dostane pokyn k invazi. Anglie se ocitla v zoufalé situaci. Neměla žádné přátele. Zdálo se, že se na ni valí spojené síly celé Evropy. Vzhůru kanálem plula španělská Armada a na protějším břehu čekaly připravené Filipovy

---

4 Church of England; pozn. vydavatele.

jednotky. Vypadalo to, že Anglii čeká jasná porážka – ale měla sira Francise Drakea. Vypráví se, že španělskou Armadu porazilo vytříbené anglické námořní umění a vypadalo to, že sám Bůh toho dne bojoval na straně Anglie, protože vítr byl pro těžkopádné španělské galeony natolik silný, že nakonec ztroskotaly. Ztroskotaly na pobřeží Anglie i na skotském pobřeží a potápěči dodnes hledají vraky galeon španělské Armady.

Shodou okolností kvůli Armadě ve mně koluje trocha španělské krve. Jedna z galeon se totiž potopila i na břehu severního Skotska. Její námořníci se dostali na břeh a lidé jim začali říkat jménem St. Clair. Oženili se s místními děvčaty, usadili se a stali se klanem Sinclairů. Moje matka se jmenovala Sinclairová. Možná proto se občas tolik rozvášním!

Podívali jsme se na reformaci v Německu, Švýcarsku, Skotsku a v Anglii. Ani na jednom z těchto míst však nedovedli reformaci až k logickým důsledkům. V žádné z těchto zemí se nenavrátili až k novozákonní podobě církve. Stát a církev byly totiž příliš úzce propojeny. Buďto stát řídil církev, nebo naopak, ale všude dosáhli jen toho, že náboženství bylo lidem v dané oblasti vnuceno. Celé území se stalo protestantským a muselo se změnit.

Jsem přesvědčen, že právě to, že se církve nevrátily k novozákonnímu životu, byla osudová chyba. Téměř ve všech případech to vedlo k válce a je něco smutnějšího než lidé bojující kvůli náboženství? Je snad něco smutnějšího, než když lidé ve jménu Krista bojují za křesťanství a navzájem se zabíjejí? Dnes víme, že je to naprosto špatné, ale kdykoli se stát pokouší vnutit lidem náboženství, dostaneme právě takový výsledek – dříve nebo později vypukne válka.

CO V TÉTO DOBĚ DĚLALA ŘÍMSKOKATOLICKÁ CÍRKEV?

Do roku 1580, šedesát let po Lutherovi, se protestantství rozšířilo do většiny Německa, Dánska, Norska, Švédska, velké části Švýcarska, kousku Francie a do Anglie. Římskokatolickými zeměmi zůstávaly Irsko, dále většina Francie, Španělsko, Itálie, Rakousko, části Švýcarska a také Německa. Je zajímavé, že se všechny tyto změny odehrály během šedesáti let, a po následující tři století tyto hranice zůstaly stejné.

Musíme se zeptat, čím to je, že se protestantismus tak rychle rozšířil během šedesáti let a pak se v určitém místě zastavil a zůstal neměnný až do 20. století. Odpověď hledejme v římskokatolickém hnutí, které nazýváme protireformací. Řím utrpěl zásah, který ho připravil o polovinu Evropy, a nehodlal to nechat jen tak. Odehrály se tři věci, které šířící se povodeň zastavily a vystavěly hráze.

Co se tedy stalo? Byl tu jeden římský katolík, který se jmenoval Ignác z Loyoly, španělský šlechtic těžce zraněný během války. Několik měsíců ležel s rozdrcenou nohou v nemocnici. Během toho času měl několik vidění a změnilo se jeho srdce. Stal se oddaným římským katolíkem a nabyl přesvědčení, že jeho životním posláním je zastavit protestantismus. Aby to dokázal, bude potřebovat římskokatolickou armádu. Měla to však být armáda, která bude bojovat úplně jiným způsobem než běžné armády. Téměř bych jeho armádu nazval „Římskou armádou spásy". Odešel do Paříže, shromáždil kolem sebe skupinu šesti šlechticů a několika šlechtičen a založil Tovaryšstvo Ježíšovo, obecně známější jako jezuity. Ignác z Loyoly jim vytyčil za cíl střežit Evropu pro papeže a zastavit záplavu protestantismu. Upřímně – do značné míry to dokázal. Shromáždil kolem sebe stovky lidí a podrobil je té nejpřísnější vojenské disciplíně, jakou si dovedete představit. Byla sepsána v knize s názvem *Duchovní cvičení*. Po dobu 25 dní se podrobujete náročnému výcviku spočívajícím v půstech, očekávání vidění a mnohých dalších věcech. Poté jste připraveni stát se jezuitou, následovníkem Ignáce z Loyoly.

Navíc byli připraveni použít čestné i nepoctivé prostředky. Říkali: „Pokud tím někoho udržíš pro Řím, smíš použít jakékoli metody, které uznáš za vhodné." Proto v angličtině slovo „jezuitství"[5] podle slovníku znamená „ospravedlňování jakýchkoli prostředků potřebných pro dosažení cíle".[6] Postupně se natolik zvrhli, že nakonec

---

5 Jesuitry; pozn. vydavatele.
6 V češtině používáme „účel světí prostředky"; pozn. překladatele.

musel zasáhnout papež a řád zastavit. Byli ale mezi nimi i dobří. Jednou z výjimečných postav této „římské armády" byl František Xaverský, který přivedl k římskokatolické víře 700 tisíc lidí v Indii, jihovýchodní Asii a Japonsku.

To byla tedy první věc, kterou udělal Řím – armáda oddaných disciplinovaných mužů, kteří byli odhodlaní „zastavit hnilobu", z jejich pohledu.

Zadruhé, papež si uvědomoval, že je potřeba projednat mnoho věcí a svolal tridentský koncil. Sešel se pětadvacetkrát, mezi roky 1545 až 1563. Papež nejdříve uvažoval, že pozve i protestanty – že se společně posadí, promluví si o rozdílech a budou hledat, jak je vyřešit. Nechal se však přesvědčit svými kardinály, aby žádné protestanty nezval, a tak nikdy nepřišli. Kdyby přišli, historie mohla být jiná.

Stal se z toho nanejvýš zpátečnický koncil. Vyslovil klatbu nad protestantským učením a vyhlásil: „Kdokoliv, kdo věří, že je ospravedlněn pouze na základě víry, ať je na něm *anathema*." – Boží prokletí.

Potom v sérii prohlášení ustanovili následující věci. Svátostí je sedm, nikoli dvě, a jsou nezbytné pro záchranu. Tradice musí být postavena vedle Bible jako Boží slovo. Apokryfy musí být součástí Bible. Očistec existuje. Odpustky, vzývání svatých, ikony a relikvie jsou správné a zbožné věci. Papež je absolutně svrchovaný.

Bylo to poprvé, co římská církev tyto věci řekla. Dovolte, abych upřímně, s láskou a veškerou vážností dodal, že ani jedna z nich se dosud nezměnila. Ani se změnit nemohly, pokud věříte, že se koncil nemůže mýlit – jak byste je v takovém případě mohli popřít? Druhý vatikánský koncil později mnoho věcí pročistil, upravil a probádal, ale nezměnil jedinou z věcí, jež jsem právě zmínil. Bylo vydáno prohlášení, které římským katolíkům říkalo, čemu mají věřit, a nabízelo jim odpovědi na protestantskou kritiku.

Zatřetí došlo k obnovení inkvizice. Mučení, věznění a smrt se používaly coby nástroje proti protestantům. Jejich pomocí se podařilo vymazat z povrchu zemského téměř každého protestanta ve Španělsku, většinu protestantů v Itálii a dalších oblastech, například v Rakousku. Důsledkem toho jsou dodnes v těchto zemích křesťané, jak je chápeme, nepatrnou menšinou.

Inkvizice, Tridentský koncil a Ignác z Loyoly se svou římskokatolickou armádou kněží a laiků, jezuitů, kteří byli naprosto disciplinovaní a odhodlaní zastavit protestanty, na konci 16. století zabránili dalšímu postupu protestantství. Evropské země, které byly na konci 16. století římskokatolické, zůstaly převážně římskokatolickými, zatímco státy s převahou protestantů zůstaly převážně protestantské. Není to zvláštní?

RADIKÁLOVÉ

Říká se jim radikálové, protože byli extrémní levicí reformace. Bývají také nazýváni nevlastními dětmi reformace nebo její levicí. O koho tedy šlo?

Byli to lidé, kteří si kladli ty nejzásadnější otázky: „Kdo by měl provádět reformy? Kdo by měl provádět změny?"

Došli k významnému závěru, k němuž do té doby nedospěli římští katolíci ani reformátoři: neměl by se tím zabývat stát; stát a církev jsou dvě odlišná uskupení a neměly by se příliš sbližovat. Tito radikálové věřili ve svobodnou církev, nikoli v církev uzákoněnou státem. Protestanství prosazované státem jim nestačilo. Říkali, že státní moc lidi lepšími neudělá. Náboženství nemůžete nikomu vnutit, lidé je musí přijmout sami, dobrovolně a svobodně. Nemůžete nařídit, že všichni Angličané budou protestanty. Nemůžete nařídit Španělům, že všichni budou římskými katolíky. K šíření náboženství nemůžete využívat stát. Využít smíte jen jedinou zbraň, a tou je meč Ducha Svatého, jímž je Boží slovo.

Byli to tedy pacifisté, kteří se odmítali podílet na válce mezi protestanty a římskými katolíky. Říkali, že za evangelium nebudou bojovat. Proto je ostatní považovali za revolucionáře, a mysleli si o nich, že ničí jedinou věc, která držela společnost pohromadě, totiž myšlenku, že stát a církev patří k sobě. Byli tedy považováni za nanejvýš nebezpečné lidi.

Reformátoři, římští katolíci a radikálové

Kde se objevili poprvé? Povstali roku 1522 v Curychu ve Švýcarsku a říkali si příznačně – Bratři. Vedli je Konrád Grebel a Felix Manz. Byli to upřímní křesťané – žili ve stejném městě, kde Zwingli přesvědčil městskou radu, aby z každého udělala protestanta. Říkali: „Takto to být nemá. Jedinou správnou cestou je kázat Slovo, a když jej lidé dobrovolně přijmou, učinit z nich církev." Tvrdě bojovali za to, čemu dnes říkáme náboženská svoboda. Spojené státy jsou dnes tím, čím jsou, díky jejich zápasu. Ve Skotsku, v Anglii i v Německu platilo státní náboženství. Kamkoli jste přišli, viděli jste, že tamní vláda určuje oficiální náboženství. V Americe však myšlenky těchto revolucionářů zapustily kořeny a vedly k oddělení církve od státu.

Také říkali, že se církev nemá ztotožňovat jak se státem, tak ani s místní komunitou. A proto (a zde to začíná skřípat, byli totiž první, kdo to řekl) by člověk neměl být pokřtěn, dokud neuvěří. Přestali křtít nemluvňata a křtili ty, kdo uvěřili. Získali přezdívku „novokřtěnci". Tak to ale nebylo. Nazývali je anabaptisty, kde „ana" znamená „znovu" či „podruhé". Anabaptisté byli levým křídlem reformace. Anabaptisté byli radikálové. Anabaptisté byli lidé, kteří se pokoušeli vrátit k úplným počátkům, kdy se církev neztotožňovala ani nespojovala se státem, kdy církev tvořili pouze věřící, kde se křtili pouze lidé, kteří byli dostatečně vyspělí, aby měli víru v Ježíše a tedy náleželi ke Kristovu tělu – vírou.

Žel na tyto lidi útočili nejen římští katolíci, ale i reformátoři. Jednoho dne řekl Luther německým knížatům: „Proti těmto radikálům musíte zakročit mečem." A přišel den, kdy Ulrich Zwingli schválil popravu Felixe Manze utopením, protože takový konec si prý baptisté zaslouží. Utopili ho. Zwingli přiměl curyšskou radnici, aby schválila kruté zákony proti těmto lidem.

Není to zajímavé? Stejně jako římští katolíci, i reformátoři využívali stát a obě tyto skupiny byly připraveny proti radikálům použít ve jménu Krista skutečný meč. Radikálové říkali: „Nepoužijeme jiný meč, než tento – Bibli." A tak se meč římských katolíků a meč reformátorů obrátil proti nim. Je to tragický příběh, ale díky nim dnes nemusíme být ve státní církvi. Jejich vliv a myšlenky se vynořily v Anglii za vlády Alžběty I. u skupiny lidí, kterým se říká Nezávislí.

Nezávislí chtěli svobodnou církev, a protože ji nemohli najít v Anglii, vypravili se do Ameriky na lodi Mayflower, aby tam natrvalo ustanovili principy náboženské svobody; svobody každého vyznávat takovou víru, kterou považuje za správnou. To je naše dědictví a oni za něj bojovali a umírali.

Byli mezi nimi i fanatici a extrémisté jako Tomáš Müntzer ze Cvikova, ale celkem vzato, když studujete jejich příběh (výzkum začal ve 20. století, teprve nyní se lze o anabaptistech dozvědět víc), zjistíte, že bojovali a umírali za náboženskou svobodu, ale bojovali pouze slovem. Obviňovali je, že jsou revolucionáři, ale Ježíš řekl: „Mé království není z tohoto světa; kdyby mé království bylo z tohoto světa, moji strážci by bojovali..." To říkali i anabaptisté.

Byli tu také lidé jako Menno Simons. Pokud jste o mennonitech už někdy slyšeli, pak vězte, že hnutí těchto úžasných křesťanů začal právě on. Další byl Jakob Hutter, a pokud znáte hutterity, pak vězte, že vznikli díky němu. Toto byli dle mého soudu zásadní reformátoři. Říkali: „Všechno, co není v souladu s Božím slovem, změníme *my*. Nebudeme čekat, až to udělají knížata či papež. Budeme následovat Boží slovo a žít podle něj jako jednotlivci i společenství."

V následující kapitole se ve vyprávění našeho příběhu posuneme do 17. století. Do století, které Anglii přineslo náboženskou svobodu, do století, ve kterém bylo lidem dovoleno řídit se svědomím. Podíváme se do éry Williama Penna, Johna Bunyana a mnoha dalších Božích služebníků. Děkujme Bohu, že se objevili lidé, kteří dovedli reformaci dál než reformátoři – lidé, kteří říkali: „Oddělme církev od státu a vytvořme církev svobodnou, tvořenou věřícími pokřtěnými do Ježíše Krista vírou a ve vodě. Z Boží milosti přišly jejich zásady i do Anglie.

/Kapitola sedmá/

17. STOLETÍ

Rozdíl mezi rokem 1600 a 1700 je velmi významný: roku 1600 se tzv. nekonformní křesťané nesměli svobodně scházet k uctívání, zatímco v roce 1700 již mohli. Podívejme se na to, jak k této změně došlo. Jak se stalo, že v posledních třech staletích máme v naší zemi *(pozn. vydavatele:* autor zde míní Velkou Británii*)* náboženskou svobodu a můžeme se scházet k uctívání, jak uznáme za správné, aniž by nám v tom někdo bránil, zavíral nás za to do vězení nebo dokonce popravoval. Tato bitva proběhla a nakonec byla vybojována právě v 17. století.

Dovolte, abych nastínil situaci, která byla na začátku 17. století. V té době se na území Anglie vyskytovaly tři skupiny různých křesťanských vyznání, tři „strany". Oficiálně mezi nimi nebyli žádní římští katolíci. Byli zakázáni zákonem. Pokud nějací byli, šlo o skryté sympatizanty.

Dvě z těchto skupin byly uvnitř anglikánské církve a jedna vně. Dvě skupiny z anglikánské církve nazýváme anglikány a puritány.

Anglikáni přijali uspořádání, které vytvořila královna Alžběta I., tedy kompromis mezi zvyklostmi z dob římskokatolické církve a tím, co vnesli reformátoři. Tuto anglikánskou směs přijalo mnoho lidí z celé země, obzvláště ti, kdo litovali některých reformačních změn.

V rámci anglikánské církve však fungovala ještě jedna skupina v čele s Richardem Baxterem. Říkalo se jim puritáni, protože toužili po mnohem čistší anglikánské církvi (z anglického *pure – čistý;*

pozn. překladatele). Chtěli zrušit nošení obřadních rouch a používání krucifixů a svící. Toužili, aby uctívání bylo prosté, jednoduché a čisté. Nejvíce si ale přáli, aby namísto uctívání bylo v centru dění Boží slovo. Byli to horliví čtenáři Bible. Scházeli se ve svých domovech jako rodiny. Vše se odehrávalo v soukromí, individuálně. Toužili po tom, aby se Bible v církvi studovala pravidelně.

Richard Baxter je výborným příkladem. Nejenže vyučoval z Bible tři hodiny každou neděli, ale vykonával také službu po domech. Každé rodině věnoval 20 minut biblických studií. V tom spočívalo tajemství jeho velikého vlivu na městečko Kidderminster.

Takže tu máme anglikány a puritány. Anglikáni stále vykonávali značnou část rituálů a ceremonií z uplynulých století, a puritáni toužili udělat věci co nejjednodušší, tak prosté jako v Ženevě či ve Skotsku. Chtěli anglikánskou církev učinit stejně prostou, jako byla ta skotská.

Vně anglikánské církve existovala ještě třetí skupina, které říkáme „nezávislí", protože chtěli být nezávislí na církvi. Nazývali je separatisty, protože se oddělovali od církve, nazývali je „brownisty", protože k jejich význačným vůdcům patřil Browne. Navíc je ale nazývali ještě „kongregacionalisty", protože věřili, že by si každé společenství mělo své vlastní záležitosti řešit přímo před Pánem.

Tak tedy vypadala situace na počátku století. Skvělým příkladem byl také John Milton. Kongregacionalisté, či nezávislí, odmítali myšlenku státní církve a jejich heslem bylo: „Reformace bez průtahů pro každého." Jinými slovy, nehodláme čekat, až se změní parlament nebo církev. Půjdeme jako první a v našem místním sboru budeme žít podle Bible. Mnozí z nich za to samozřejmě zaplatili životem, například Greenwood a Barrowe. Skupina ale narůstala.

Podíváme se na vládce, kteří v tomto století usedli na anglický trůn a budeme zjišťovat, co se v Anglii za jejich vlády událo. Je zajímavé, že právě v buckinghamském kraji a v Chilterns[1] se toho stalo opravdu hodně.

---

1 Pozn. překladatele: autor zde zmiňuje místa,
kde v době svých přednášek působil.

17. století

JAKUB I.

Tento muž již byl králem Skotska jako Jakub VI., ale nyní se přesunul na jih a stal se Jakubem I., králem Anglie. Už od počátku měl dvě představy, o nichž však nemluvil veřejně. Tou první bylo, že coby král má Bohem dané právo řídit náboženství. Tou druhou byla představa, že biskupové mají Bohem dané právo vést církev. Dokud panoval za severními hranicemi, nechával si to pro sebe a Skoti mu naletěli. Měl záludný charakter a byl schopen změnit názor prakticky přes noc, ale Skoty dokázal přesvědčit, že bude dobrým králem. Když přišel na jih, Angličané si mysleli, že bude podporovat puritánský směr a očistí anglikánskou církev.

Velmi rychle však utrpěli šok. Král prohlásil: „Presbyteriáni souhlasí s monarchií tak, jako Bůh souhlasí s ďáblem." Jeho zásadou při vládnutí bylo: „Kde není biskup, tam není král." Právě tam započalo nejobtížnější období v dějinách anglikánské církve. Jakub se velmi jednoznačně postavil na stranu anglikánů a nenaslouchal vedoucím, kteří zastupovali další věřící. Církev podle něj měli vést král a biskup a on měl velmi dobrého arcibiskupa, který mu v tom měl pomoci.

Roku 1604 svolal Jakub konferenci vedoucích křesťanů do paláce Hamton Court (palác, který má v zahradách bludiště). Král tam zesměšňoval, urážel a ponižoval puritány. Říkal jim: „Jste sucharři. Nesnesete, aby někdo v neděli sportoval. Dobře. Vydám zákony, že zábava a sport o nedělích jsou naprosto v pořádku." Takto se jim vysmíval a čím vším si během toho prošli, nikoho nezajímalo. Existují však o tom záznamy.

Přítomen byl ale také puritán jménem Reynolds, slavný oxfordský profesor. Byl to zdvořilý zbožný gentleman a královo ponižování a vysmívání ho nijak nevyvedlo z rovnováhy. Neztrácel půdu pod nohama. Když Jakubovi došly urážky, doktor Reynolds mu řekl: „Vaše Veličenstvo, mám návrh. Je na čase, abychom měli novou anglickou Bibli." Tento návrh, téměř k překvapení samotného krále Jakuba, prošel a od konference v Hampton Court po následujících sedm let řada lidí tvrdě pracovala na novém překladu. Máme tedy Bibli krále Jakuba (*King James Version*; pozn. překladatele). Neříká se jí tak proto, že by to byl jeho nápad nebo že by ji vytvořil, ale protože zrovna v té době vládl a předložili mu ji, když byla dokončena. Říkáme jí „Autorizovaná verze" (ale obzvlášť v USA je známá jako King James Version). Vyšla roku 1611 a pro Anglii to byl památný rok. V témže roce byl také založen první baptistický sbor.

Žel, po zmiňované konferenci král Jakub vydal královské nařízení o konformitě[2] a řekl: „Každý duchovní se musí podřídit biskupům. V celé církvi musí být naprostá shoda a uniformita." Patnáct stovek duchovních odmítlo nařízení přijmout a tři sta z nich putovalo rovnou do vězení. Další trpěli. Pro církev v Anglii to byla velká rána. V té době se do anglikánské praxe vrátila obřadní roucha, rituály a ceremonie, které se nekonaly od zahájení reformace. A zůstaly dodnes.

Výsledkem bylo, že puritáni odešli do Irska. Někteří utekli na západ, a proto měla od té doby irská církev blíže k reformaci než církev anglikánská. Irským arcibiskupem byl v té době Ussher, nadšenec pro výpočty dat! Pokud vlastníte Autorizovanou verzi, jež má v záhlaví u první kapitoly knihy Genesis poznámku 4004 př. Kr. (což Bůh do Bible nikdy nedal), díváte se na něco, co napsal Ussher. Právě on přišel na to, že se Adam objevil 21. října roku 4004 př. Kr. kolem deváté hodiny. Jeden anglický učenec o něm, trochu suše, řekl: „Být pečlivým badatelem, nemohl by se do toho ponořit více!"

Ussher byl vrchním arcibiskupem a puritánští duchovní se začali přesouvat na západ do Irska, ale laičtí členové církve, kteří se obávali Jakuba a nesměli svobodně uctívat, utíkali na východ do Nizozemí. Mnozí nezávislí, kongregacionalisté, tam uprchli.

Ve vesnici Scrooby na severu nottinghamského kraje se pod vedením věrného pastýře Johna Robinsona setkávala skupina nezávislých a vytvořila vlastní sbor. Místní šlechtic na ně však přivedl smírčí soudce. Ti jim hrozili nejrůznějšími věcmi, pokud se nepřestanou scházet. Nezávislí se nakonec rozhodli, že nemají jinou možnost než se nalodit a odplout do Holandska, kde by mohli Boha

---

2 Z latinského *con-formis – shodného tvaru či podoby*; pozn. překladatele.

17. století

uctívat svobodně. Jde o velmi napínavý příběh. Najali si holandskou loď, která na ně čekala při pobřeží lincolnského kraje, poblíž Bostonu. Vypluli a nechali Boston Stump[3] za zády. Měli celkem dva čluny – na jednom se plavili muži a na druhém ženy s dětmi. Necestovali zároveň, aby si jich smírčí soudci nevšimli. Vypluly tedy dva čluny. Jenže člun s ženami a dětmi uvízl v bahně. Muži mezitím dorazili na holandskou loď. Viděli, že se na pobřeží blíží britské jednotky, a ty vzápětí začaly na holandskou loď střílet. Musela tedy okamžitě vyplout. Muži sledovali své ženy a děti uvízlé v bahně a mohli jen doufat, co s nimi bude. O dva roky později se ženám s dětmi podařilo vycestovat do Holandska a připojit se k nim. Setkali se a mohli svobodně uctívat Boha, jak si přáli. V Anglii, pod vládou Jakuba, jste se museli podřídit.

V Amsterodamu se stala zajímavá věc. Skupina křesťanů začala studovat otázku křtů. Jak jsme viděli, až dosud všichni oficiální a uznávaní reformátoři praktikovali křty nemluvňat, jak tomu bylo už po staletí. V Amsterodamu však skupina křesťanů pod vedením muže jménem Helwys začala křty zkoumat a došla k dalekosáhlému závěru, že křest by měl být jen pro věřící. Což znamená, a je to nad slunce jasnější, že církev by měli tvořit pouze věřící.

Neměli samozřejmě nikoho, kdo by je pokřtil, tak se sešli dva z nich a jeden řekl: „Pokřtím tě, když ty pokřtíš mě". A tak se stalo. Potom, protože nemohli najít práci, rozhodli se riskovat a vrátili se do Londýna. Roku 1611 tam přijeli a na londýnských Spitalfields založili úplně první baptistický sbor. Brzy však upoutali pozornost úřadů a zaplatili za to.

O několik let později se skupina nezávislých, kteří se scházeli v Holandsku, rozhodla, že je nepraktické, aby zůstali v Evropě. Nedomluvili se. Nemohli najít práci. Hladověli. Učinili veliké rozhodnutí. Rozhodli se, že se vrátí do Anglie, pořídí loď a odplují do Nového světa. Pokusí se v Americe vybudovat svobodný svět,

---

3 Pozn. překladatele: *Boston Stump* neboli *Bostonský pahýl* je lidové označení vysoké věže bostonského kostela.

kde lidé budou moci uctívat Boha, aniž by jim stát říkal, jak to mají dělat. Vrátili se tedy do Anglie a přesvědčili majitele lodi Mayflower, aby je odvezl.

OTCOVÉ POUTNÍCI

Ve vesničce Jordans, která se nachází v buckinghamském kraji, mají prý v hospodě Mayflower trámy pocházející z lodě otců poutníků, jež vyplula roku 1620 z Plymouthu do Nové Anglie, do Nového světa. Poutníky tam čekala tvrdá zkouška. Polovina z nich nepřežila první zimu. Mrzli, neměli dostatek jídla a ani lékařskou pomoc. Oni však zůstali, a přestože museli bojovat s anglikánskými usedlíky, otcové poutníci započali práci, díky které je dnešní Amerika naprosto svobodná od jakéhokoli spojení mezi státem a církví. Lidé mohou Boha svobodně uctívat způsobem, který považují za správný. Je to také jeden z důvodů, proč se většina neobvyklých sekt zrodila právě v Americe. Vznikaly, protože mohly. Bylo to riziko, které se Američané rozhodli podstoupit. Raději riskovali náboženskou svobodu a vznik takových skupin, než aby se snažili vymýtit zákonem cokoliv, co nebylo v souladu s jejich představami o náboženství.

KAREL I.

Karel I. byl žel ještě horší než jeho předchůdce Jakub I. a představu krále a biskupa, coby Bohem daných autorit, dovedl mnohem dál. Když potkáte puritána, šup s ním do vězení! Uložte mu těžkou pokutu, přivažte na pranýř, uřízněte mu uši a nos. To všechno se dělo za vlády Karla I.

William Laud, arcibiskup z Canterbury, tehdy pomohl Karlu I. nastolit staré pořádky. Stolu pro podávání Večeře Páně se znovu začalo říkat oltář a lidé se mu museli klanět. Parlament protestoval, a tak se Karel rozhodl, že se bez něj obejde, a vydrželo mu to jedenáct let! Umíte si představit, že by to nějaký král či královna udělali dnes? Tehdy došlo k demonstraci, během které 15 000 Londýňanů přitáhlo až k paláci, kde předložili králi Karlovi petici s názvem

17. století

„Kořen i větve"[4]. Pokud jste někdy slyšeli úsloví „kořen i větve", pak vězte, že pochází právě z této doby. Žádali vymýcení všech římskokatolických pověr, s kořenem i větvemi. Karel I. je odmítl vyslechnout, a tak zanedlouho v Anglii propukla občanská válka. Došlo k ní roku 1642. Parlament válčil proti králi a příčinou sporu bylo náboženství. Zjednodušeně to můžeme shrnout tak, že anglikáni bojovali na straně krále a puritáni stáli na straně parlamentu, přičemž sever a západ náležely králi a jih a východ se hlásily k parlamentu. Když se podíváte na dnešní rozložení svobodných sborů, zjistíte, že do tohoto vzoru přesně zapadá.

Hranice procházela mezi Aylesbury a Oxfordem. Čelním bojovníkem za parlament byl John Hampden. Nedaleko sboru, kde jsem sloužil jako pastýř, procházela Hampdenova ulice a jedno z mých dětí chodilo do Hampdenovy školy. Kdybyste se zajeli podívat do Aylesbury, na náměstí uvidíte Hampdenovu sochu. John Hampden pocházel z nedalekého Stoke Mandeville. Tento vůdce byl žel zabit již v počátcích války a parlament začal prohrávat.

Čekali na nového vůdce. Byl jím Oliver Cromwell, který z nich vytvořil tzv. Armádu nového typu. Pod proslulým heslem „Důvěřuj Bohu a udržuj střelný prach v suchu" pozvedl morálku vojsk bojujících za náboženskou svobodu. V průběhu občanské války se ve Westminsteru sešla skupina kněží a učenců z Oxfordu a Cambridge. Pokoušeli se najít a vytvořit cosi jako vzorec církevního života, který by byl přijatelný pro všechny. Toto setkání neslo název Westminsterské shromáždění duchovních[5]. Na jednání bylo pozváno i několik Skotů, kteří měli na jeho průběh strašně velký vliv, jak už to u Skotů bývá. Vytvořili tzv. Westminsterské vyznání víry, které je dodnes závazné nejen pro Skoty, ale pro většinu presbyteriánů na světě. Vsadím se, že byste dokázali citovat alespoň jednu věc z katechismu, který z vyznání vychází: „Co je nejvyšším cílem

---

4 Pozn. překladatele: Úsloví „kořen i větve" se v angličtině používá ve významu radikální změny. V češtině bychom použili úsloví „vytrhnout i s kořenem".
5 The Westminster Assembly of Divines; pozn. překladatele.

člověka? Nejvyšším cílem člověka je oslavovat Boha a věčně se z Něj radovat." Skoti toto vyznání přijali, ale Angličané nikdy.

Karel I. stále žil, ale nakonec ho přivedli do Londýna na popravu. Nějaký čas ho věznili na šlechtickém sídle ve Stoke Poges. Na stěně nad krbem můžete vidět malbu Karlova královského erbu. Aby zaplnil čas čekání a přišel na jiné myšlenky, namaloval na zeď svůj erb.

Mezi vojáky, kteří bojovali na straně Olivera Cromwella, byl i jistý mladý opilec a rváč, který pro kletbu nešel nikdy daleko. Narodil se v malé vesničce Elstow u Bedfordu a jmenoval se John Bunyan.

Po skončení občanské války získali moc nad anglikánskou církví presbyteriáni a snažili se udělat presbyteriány i ze všech ostatních. Legrační, viďte? Když jsou u moci anglikáni, každý musí být anglikán. Když moc mají presbyteriáni, každý musí být presbyterián – a tak kdosi řekl, že nový starší (presbyter; *pozn. vydavatele*) je starým knězem v bleděmodrém. Jinými slovy jsme vyměnili jednu tyranii za druhou.

KAREL II.

Stěží byste našli dostatečně odporná slova, abyste vystihli, jak rozmařilým a nemravným způsobem tento muž žil. Nejprve ho přijali Skoti a korunovali ho ve Scone, přímo na sconeském kameni[6]. Věřili, že bude spolu se Skoty a anglickým parlamentem bojovat za presbyteriánství a za čistší puritánskou církev. Bohužel, své pošetilosti velmi rychle litovali. Nebudu tu líčit podrobnosti příběhu skotských kovenantistů. Je ale třeba říci, že 17 000 kovenantistů, kteří se tajně scházeli na skotské vysočině, aby mohli chválit Boha tak, jak považovali za správné, za vlády Karla II. velmi trpělo.

Vraťme se však do Anglie. Karel II. byl tajným příznivcem římskokatolické církve. Jeho cílem bylo pomocí intrik zajistit, aby znovu získala moc. Tajně se dohodl s francouzským králem Ludvíkem XIV., že opět nastolí stav z doby před dvěma sty lety,

---

6 Pozn. překladatele: Sconeský kámen je stolec z červeného pískovce, který se ve Skotsku po staletí používal ke korunovaci králů.

doby před reformací. Jak to udělal? Roku 1661 začala vycházet série parlamentních zákonů, které měly vrátit věci do starých kolejí. Nejhorší byl rok 1662. Tehdy vyšel tzv. Zákon o uniformitě. Zatím nebyl římskokatolický, ale anglikánský. Prostřednictvím tohoto zákona hlásal král i parlament, že „každý musí jednat takto". Téměř dvě tisícovky kněží toho roku opustily svou službu i domov a vydaly se do neznáma. Odešli bez domova a bez práce, protože se odmítli podřídit Zákonu o uniformitě. V angličtině se tenkrát objevilo nové slovo – nonkonformista *(nonconformist)*. Na počátku to bylo označení pro zločince. Mezi nonkonformisty, kteří tehdy podstupovali obrovské riziko, byl i Richard Baxter. Roku 1665 schválil parlament další zákon, tentokrát s názvem „Zákon pěti mílí". Vypovězení kněží se totiž tajně vraceli, aby se svými farníky pořádali shromáždění. Zákon pěti mílí jim zakazoval přiblížit se k bývalému sboru na vzdálenost menší než pět mil.

Pokud pojedete do Wendoveru, uvidíte tam zajímavou věc. Tamní baptistický kostel stojí po pravé straně cesty dobrých pět minut chůze od vesnice. Možná si řeknete: „Proč by někdo stavěl kostel za vesnicí?" Odpověď je velmi prostá. Roku 1662 byl vikář z Aylesbury propuštěn, protože se odmítl přizpůsobit. Tajně se však do Aylesbury vracel a pořádal shromáždění v kuchyních a zahradách, zkrátka všude, kde mohl. Potom vyšel Zákon pěti mílí. Víte, co udělal? Postavil se doprostřed Aylesbury a pak ušel pět mil. Dorazil na pole, na tom poli začal pořádat shromáždění a lidé těch pět mil z Aylesbury chodili za ním. Vybudovali si tam místo na shromáždění. Dnes je to wendoverský baptistický kostel. Je přesně pět mil daleko!

Roku 1673 vyšel neblaze proslulý Zákon o zkoušce. Parlament v něm říkal, že v Anglii není místo pro žádného římského katolíka ani nonkonformistu. Všichni museli uctívat Boha stejným způsobem. Přineslo to spoustu utrpení.

Jan Bunyan se obrátil díky dvěma povídavým ženám, které vyslechl kdesi na dvorku. Pokud si povídáte za domem se sousedy, mějte na paměti, že byste měli mluvit o správných věcech, protože tím můžete oslovit nějakého Johna Bunyana. Tento pijan, rváč a hrubián totiž zaslechl, jak si dvě ženy povídají o Ježíši. Nikdy předtím neslyšel nic tak sladkého a byl usvědčen z hříchu. Obrátil se a stal se kazatelem v Bedfordu. Byl pokřtěn na základě víry a kde mohl, tam kázal evangelium.

Za vlády Karla II. uvrhli Bunyana do vězení. Pobyl si tam s jednou přestávkou dvanáct let. Odvedli ho od jeho nevidomé ženy a dětí, trpěl nedostatkem, ale jednoho dne se mu ve vězení zdál sen. Viděl muže, který nesl na zádech náklad, a potom druhého, který se chtěl svého nákladu zbavit. Svůj sen sepsal a tak vznikla *Cesta poutníka*. Doufám, že jste si tuto knihu přečetli přímo ve verzi pro dospělé, nikoli ve verzi převyprávěné pro děti. Verze pro dospělé totiž nevypráví pouze příběh o poutníkovi, ale také co si myslel a říkal. Doufám také, že si jednou přečtete jeho další důležitou knihu s názvem *Milost přehojná největšímu z hříšníků udělená*. Popisuje v ní své obrácení a události, které vedly k tomu, že se stal kazatelem, jakým byl. Myslím, že Cesta poutníka je po Bibli druhou nejčtenější křesťanskou knihou. Ani jednou v ní nezmiňuje církev. Nepíše v ní ani o svátostech, takže ji přijímají křesťané bez ohledu na církevní příslušnost. Dodnes je tato kniha jedním z nejvlivnějších děl, která kdy byla sepsána. Jan Bunyan zemřel v roce 1688. Na konci života mu říkávali biskup Bunyan, ale tím se stát nikdy nechtěl. Když cestoval a lidé k němu přicházeli pro pomoc, říkali mu: „Máte stejné právo nazývat se biskupem jako oni, a tak vám tak budeme říkat." Byl to tedy „biskup Bunyan".

Dalším mužem, jenž v té době trpěl, byl George Fox, který roku 1646 prožil hluboký duchovní zážitek. Je třeba říci, že jeho zkušenost přinesla věci dobré, ale i věci, které tak dobré nebyly. George Fox objevil, nebo přesněji řečeno znovuobjevil, moc Ducha svatého coby „uvaděče do veškeré pravdy". Říkal této zkušenosti „vnitřní světlo". Říkal: „Nestačí, když máte Písmo svaté u sebe nebo dokonce v hlavě. Potřebujete mít Ducha svatého také uvnitř." Je to věc, kterou skutečně bylo třeba znovu objevit, musela být řečena. Můžete znát Písmo nazpaměť, ale bez Ducha svatého je mrtvé. Není živé. George Fox znovu objevil Ducha svatého. Objevil něco velmi dobrého, ale bohužel řekl také věci, které dobré nebyly. Šel totiž ještě o krok dál

17. století

a prohlásil, že jasným prorockým slovem, které dnes potřebujeme, není Písmo, ale sám Duch svatý. Tímto prohlášením se otevřela největší slabina hnutí, jež ho následovalo. Lidé, kteří se kolem něj shromáždili a byli stejného smýšlení, si říkali „Společnost přátel". Druzí jim přezdívali „kvakeři", protože se na shromážděních před Bohem třásli[7]. Jejich silou bylo přesvědčení, že k nám Bůh může mluvit uvnitř, skrze Ducha svatého. Jejich slabinou bylo odmítnutí svátostí, které pro nás chtěl Ježíš, protože podle nich byly „vnější", a sklon podceňovat Písmo a cele se spoléhat na vnitřní hlas.

Pro své názory a kvůli své neortodoxnosti Fox velice trpěl. Za vlády Karla II. se ve vězení ocitly 4000 kvakerů. Abyste si dovedli představit rozsah jejich utrpení, vezměte v úvahu, že jako vězni jste nedostali žádné jídlo, pokud vám ho nepřinesli přátelé. A když vsadíte všechny kvakery do vězení, nezbude nikdo, kdo by jim jídlo nosil.

Jeden mladý šlechtic prohlásil: „V Anglii se nikdy nedočkáme svobody, abychom uctívali Boha, jak máme. Musíme odejít do Nového světa." William Penn leží pohřben se svou rodinou na malém tichém hřbitově u domu kvakerů v Jordans. William Penn do Nového světa skutečně odešel a prošel až za hranice tehdejších kolonií východního pobřeží. Řekl: „Vytvoříme stát náboženské svobody." Tento stát byl pojmenován Pensylvánie – kolonie Williama Penna. Lidé tu mohli svobodně uctívat a následovat vnitřní světlo Ducha svatého. Penn překročil Atlantik celkem třikrát nebo čtyřikrát, ale nakonec zemřel v Anglii.

JAKUB II.

Jakub II. se nepokrytě hlásil k římskému katolictví. Nedělal věci tajně, ale zcela otevřeně říkal: „Přivedu vás zpátky do Říma, i kdyby mě to mělo zabít." Aby toho dosáhl, neváhal využít neblaze proslulého soudce Jeffreyse z Bulstrodova parku u Gerrards Cross, známého svou krutostí. Pro Angličany to však bylo příliš a Jakub II. musel nakonec v důsledku lidového povstání uprchnout.

---

7 Z angl. Quaker – třesoucí se; pozn. překladatele.

2000 LET TĚLA KRISTOVA

VILÉM A MARIE

Nástupem Viléma a Marie na anglický trůn začala nová éra tolerance a stability. Byla to doba, která určila kurz života církve pro zbytek anglických dějin. Byla tu ale jedna výjimka. Během jejich vlády a ani po dobu následujících staletí se římští katolíci nesměli vrátit. Všech ostatních se však náboženská tolerance týkala. Po roce 1689 se nonkonformistům dostalo alespoň částečného přijetí a pronásledování začalo ustávat. Vlastním knihu, kterou napsal George Fox, s názvem *Foxova kniha mučedníků*. Za mého pradědečka se z ní předčítalo dětem v nedělní škole. Nejsem si jistý, zdali bych si dnes troufl dát tuto knihu svým dětem a zda by za mou nepřišli jejich učitelé, že jejich mysl zatěžuji takovými věcmi. Jedná se o strašlivý výčet křesťanských mučedníků od dob Nového zákona do roku 1682. Autor ji napsal v naději, že žádné další mučednické příběhy už nebude třeba psát a že tolerance nabytá koncem 17. století bude trvat věčně.

V určitém slova smyslu od té doby v Anglii skutečně žádní mučedníci nebyli. Ve světě ale od Ježíšovy smrti na kříži neuplynulo jediné desetiletí, v němž by křesťané neumírali pro víru, a to platí dodnes. Nicméně v Anglii nastala doba tolerance. V roce 1689 po vydání Vilémova a Mariina zákona o náboženské toleranci směli nonkonformisté poprvé v historii stavět budovy určené k bohoslužbám. Na konci století měli již tisíc míst pro uctívání.

Taková je tedy situace: anglikánství zůstává státním náboženstvím. Puritáni z větší části zemi opustili – odjeli do Irska nebo Ameriky. Někteří z nich přešli k nezávislým nebo k baptistům a stali se nonkonformisty. Roku 1662 přešlo k nonkonformistům dalších 2000 členů anglikánské církve. Jihovýchodní část Anglie byla na konci století plná nonkonformistických kaplí a domů setkávání. Postupně se rozšiřovaly i na sever a západ.

Tak vypadala situace z vnějšku, ale uvnitř anglikánské církve existovaly tři strany. Podobně jako jsem načrtl situaci v roce 1600, nyní vám ukážu, jak tomu bylo roku 1700. V anglikánské církvi byli tři strany a existují dodnes: vysoká, široká a nízká.

17. století

Vysoká strana nepřestávala prahnout po způsobech uctívání římskokatolické církve. Nízká strana patří k tomu málu puritánů, kterým se nějakým způsobem podařilo zůstat. Jejich způsob uctívání byl prostý, bez příkras, nepoužívali roucha, místo oltáře měli obyčejný stůl a jejich bohoslužba byla velmi podobná té skotské. Pochybovali, zda je správné mít biskupy. O poslední, široké straně církve, chci, abyste nyní přemýšleli, protože ta je počátkem příběhu 18. století.

Mohu vám položit jednu otázku? Co si o tom všem myslel Bůh? A co si myslel Ďábel? Mám pocit, že když se křesťané zabíjeli mezi sebou, Ďábel se smál pod vousy. Mám pocit, že když jeden druhého ničil, byl zcela nadšený. Poté co vstoupil v platnost zákon o náboženské toleranci, však musel vymyslet novou taktiku. A vymyslel jednu skutečně ďábelskou: místo aby se křesťané ničili fyzicky, vymyslel něco, co je bude ničit duševně.

V průběhu 17. století vymysleli lidé na kontinentu ve jménu křesťanství pár velmi podivných věcí. S neskutečnými nápady, kterým říkal křesťanství, přišel například švédský vědec jménem Swedenborg, zakladatel „Nové jeruzalémské církve". Možná jste o něm neslyšeli. Já se o tomto hnutí dozvěděl během pobytu v Lancashiru.

V Itálii to byl Socinus, který tvrdil následující věci: „Bible není Božím slovem. Je praktická, ale není to skutečné Boží slovo. Ježíš nebyl Božím Synem. Byl to prostě velký Boží muž. Musíme následovat jeho příkladu. Nezemřel, aby nás osvobodil od hříchu. Zemřel, aby nám byl příkladem v lásce." Takové věci říkal a jeho myšlenky se pak šířily přes Anglický kanál[8].

Objevily se též myšlenky Holanďana Arminia, který se stavěl proti Kalvínovu učení. Od té doby existuje vedle kalvinismu také arminianismus. Tam kde kalvinismus zdůrazňuje Boží svrchovanost a nadřazenost Boží vůle, arminianismus zdůrazňuje svobodnou lidskou vůli.

Z Evropy do Anglie přicházely skupiny lidí, kteří si skutečně mysleli, že pokud budou chodit do kostela a uctívat Boha, tak už tolik nezáleží na tom, jestli se drží starých přesvědčení. Do

---

8 Pozn. vydavatele: v Čechách je více znám jako kanál La Manche.

konce 17. století platilo, že se lidé sice neshodli v názorech na náboženské uspořádání, na roli biskupů a na křtech, ale jednotně věřili křesťanskému vyznání a významu evangelia. Nyní však do anglikánské církve proudili z kontinentu lidé, kteří věřili, že mohou být ve svém učení volnomyšlenkářští. Jinými slovy, že si můžeme dovolit širší a velkorysejší myšlení než je staromódní evangelium. Ve 30. letech 18. století to anglikánskou církev málem zabilo. Církev byla okradena o svou duchovní moc a dědictví.

Nevyprávím to, abych vám udělil dějepisnou lekci. Chci jen, abyste si uvědomili, že pokud bychom vy a já žili v 17. století, nemohli bychom Boha uctívat, jak chceme. Museli bychom se „přizpůsobit". Museli byste přijmout pevný řád bohoslužeb daný parlamentním nařízením. Museli byste přijmout parlamentem schválené církevní vedení. Nemohli byste se svobodně sejít a rozhodovat se, co po vás Bůh žádá. Tu svobodu nyní máme. Díky Bohu, že se objevili lidé, kteří pochopili, že Nový zákon vyžaduje svobodnou církev ve svobodné zemi a že náboženství je věcí svědomí. Díky Bohu za ty, kteří tyto myšlenky přivezli do Nového světa, za ty, kteří je přinesli na kontinent, ale největší díky patří Bohu za ty, kdo zůstali v Anglii, šli do vězení a vybojovali to. Díky nim dnes můžeme uctívat Boha způsobem, jaký nám ukládá naše svědomí.

Cenou za svobodu je neustálá bdělost. Tuto svobodu můžeme znovu ztratit, velice snadno. Jiným se to stalo. Neměli bychom se jen ohlížet zpátky do minulosti, ale také chválit Boha za to, že nás v budoucnu může udržet tam, kde máme být.

Tento příběh jsem vyprávěl také proto, abych vám řekl následující: navzdory všem bitvám, navzdory všem těžkostem, Boží církev stále pokračuje a Duch svatý v každé generaci mění muže i ženy v planoucí kazatele evangelia a vysílá je. Navzdory všemu, co se stalo, církev tu stále byla, křesťané tu stále byli, evangelium tu stále bylo, Bible tu stále byla – protože Ježíš řekl: „Vybuduji *svou* církev na skále a brány podsvětí ji nepřemohou."

/ Kapitola osmá /
18. STOLETÍ

Roku 1699, pouhých pár týdnů před začátkem nového století, byly vydány *Gulliverovy cesty.* Knihu napsal Jonathan Swift, Ir, který se mnohokrát pokoušel usadit v Anglii, ale nikdy se mu to nepodařilo. Nakonec zešílel a zemřel v Dublinu. Jeho kniha byla surovým útokem na anglickou společnost počátku 18. století a rozhodně se nejedná o čtení pro děti. Pokud se chcete dozvědět, jak v té době anglická společnost vypadala, přečtěte si ji. O pár let později našel Robinson Crusoe svůj ostrov. Vypadá to, že lidé byli celí diví, aby se z Anglie dostali, aby se dostali z anglické společnosti. Robinson Crusoe se zdál být mnohem šťastnější na opuštěném ostrově, než když se roku 1715 vrátil do Anglie.

Obě tyto knihy popisují jistou skutečnost, s níž bychom se měli seznámit, než se podíváme na církev – Anglie se rozpadala. Anglie na tom byla sociálně velmi špatně a my se musíme zeptat proč – co bylo příčinou? Mám-li to velmi prostě a syrově shrnout, řekl bych, že člověk v 18. století roztočil kohoutek se studenou vodou, a Bůh roztočil kohoutek s horkou.

Člověk pustil studený kohoutek racionalismu, intelektu sama pro sebe, rozumu. Bůh otočil horkým kohoutkem probuzení. Povolal několik velkých mužů, aby kázali evangelium a pozvedli teplotu anglické společnosti.

2000 LET TĚLA KRISTOVA

Nejdříve k onomu studenému kohoutku. Pokud jste zažili, že na vás začal dotírat tento druh „mrtvolnosti", tak přesně to se dělo anglické společnosti. Lidé duchovně umírali, protože jejich víra šla špatným směrem. Proto se špatným směrem ubíralo i jejich chování. Jednou z nejdůležitějších lekcí, které nás naučilo 18. století, je, že naše víra ovlivňuje naše chování. To, čemu člověk v srdci věří, se projeví navenek. Jaká víra tedy „ochladila" zbožnost? Jaká víra zabíjela na počátku 18. století anglickou společnost? Částečně to byl vliv vědy. Došlo k mnoha úžasným objevům. Koperník zjistil (nebo to alespoň řekl), že planety obíhají kolem Slunce, nikoli kolem Země. A Galileo to svým dalekohledem potvrdil. Isaac Newton stále zkoumal jablka a vyšší zákony, které jejich pomocí ilustroval, a předložil gravitační zákon. Ba co víc, Francis Bacon a Descartes prohlásili, že náš vesmír řídí zákony, které jsou neměnné. Jinými slovy, když z vaší jabloně spadne jablko, musí spadnout dolů. To je gravitační zákon. A ten nelze porušit. Říkali, že tyto zákony jsou dané jednou provždy. Jednou ranou byly smeteny zázraky a některé další věci, o nichž se píše v Bibli, protože se najednou zdálo, že jsou v přímém rozporu s přírodními zákony.

Francis Bacon navíc řekl (a budete žasnout, až uslyšíte, jak byl na svou dobu moderní, a jak moc nás ovlivnil), že pravdivost věcí lze potvrdit pouze vlastním pozorováním a vědeckými důkazy a tvrzením, která nemůžete vědeckým pozorováním potvrdit, tedy nesmíte věřit. Nesmíte přijímat to, co vám tvrdí nějaká autorita. Věci je třeba nejdříve ověřit, a pokud je nemůžete vědeckým pozorováním dokázat, nemusíte jim věřit. Byl to obrovský krok vpřed, nebo vzad, záleží, jak se na to podíváte. Je ale udivující, jak i školáci dnes mohou říkat: „Neuvěřím tomu, dokud to nedokážeš. Nemohu věřit v Boha, pokud mi ho nedokážeš ukázat, pokud ho nemohu pozorovat. Nemohu věřit v nebe ani v Ďábla. Tyto věci nelze vědecky prokázat." Je to pouze ozvěna toho, co říkal Francis Bacon, a upřímně, taková myšlenka dočista zabíjí náboženství. Nevyhnutelně, protože věci věčné nelze dokázat pozorováním.

18. století

Kam tedy do toho všeho zapadá Bůh? Znamená to snad, že lidé v 18. století přestali věřit v Boha? Ne! Mnozí však od víry, kterou nazýváme teismem, přešli k víře zvané deismus, což je jeden krok na cestě k ateismu.

Když to zjednodušíme, teismus je víra, která říká, že Bůh stvořil vše a vše má pod kontrolou. Deismus věří, že Bůh sice všechno stvořil, ale nemůže tomu vládnout. Ateismus je víra, že Bůh ani nic nestvořil, protože žádný Bůh neexistuje!

Pokud jste deisté, snadno to zjistím, když se vás zeptám, jestli jste se někdy modlili za počasí. Díky tomu se ihned dozvím, jestli věříte, že Bůh má pod kontrolou svět, který stvořil. Jestliže věříte, že Bůh stvořil svět a také mu vládne, pak jste teisté. Já jsem teista a Bible je teistická kniha.

V 18. století se však začalo říkat: „Jestliže vesmír ovládají tyto přísné zákony, které nelze porušit, pak je Bůh možná stvořil, ale nyní s tím už nic nezmůžeme, takže nemá smysl ho žádat, aby cokoliv změnil nebo v něčem zasáhnul. Klidně můžete věřit v Boha. Ale je to Bůh, který kdysi dávno stvořil svět a pak ho nechal běžet."

Jednou z oblíbených myšlenek, prohlásil ji jeden biskup, bylo, že svět je jako obrovský hodinový stroj. Jakmile ho jednou postavíte, už s ním nic nenaděláte. Když ho natáhnete, rozběhne se a řídí se svými zákony. Nemohu říct hodinám: „Zastavte se na chvíli. Vraťte se, nebo zastavte!" Je to mechanismus ovládaný vlastními zákony. Deisté věří, že Bůh stvořil svět, natáhl klíček a pak si šel zase sednout. Nezbylo nic, co by s ním mohl dělat. Bůh existuje, ale nic nezmůže.

Je to jakýsi neživý druh Boha. K někomu, kdo nemůže nic dělat, se asi modlit nebudete, že? Tato myšlenka zabila modlitbu a víru v živého Boha, jenž má stále vše ve své moci. A způsob myšlení, že Bůh je dávno pryč a nemůže nic dělat, pronikl do církví. V různých denominacích se mu říkalo různě. V anglikánské církvi to byla svobodomyslnost, ve skotské církvi umírněnost, u baptistů mu říkali unitářství, protože jedna z myšlenek byla, že Bůh nemohl přijít na zem, a Ježíš tedy musel být pouze velkým mužem.

Víra byla naředěna, začínala mizet, a trpěly tím všechny denominace. Nové myšlení způsobilo, že některé baptistické sbory byly zrušeny. Bohoslužby se staly velmi formálními a mrtvými. Přišli jste vzdát úctu božstvu, které vše stvořilo, ale nečekali jste, že by někdy něco udělalo! Lidé si mysleli, že Bůh nemůže, jelikož je odloučený od svého stvoření.

Nejenomže objevili, jak se domnívali, zákony přírodní – byli další spisovatelé, kteří se domnívali, že objevili zákony společenské. John Locke popisoval zákony určující chod společnosti, podobně Voltaire v době Ludvíka XIV. Francouz Rousseau řekl: „Člověk se rodí svobodný, ale všude je v okovech.", taková slova pro něho byla typická. Skot Adam Smith sepsal velmi tlustý svazek o „dělbě práce" a o tom, jak „vyrovnat dovoz a vývoz". To je také povědomě „moderní". Mary Wollstonecraftová bojovala za „svatá práva" (téměř slyšíte, jak to volá dav!) žen. Napsala knihu, v níž obhajovala volební právo pro ženy, možnost využívat ve škole dětská hřiště, smíšené vzdělávání chlapců a dívek (což bylo v té době skutečně revoluční) a zavedení výběrových středních škol (pozn. vydavatele: rozdělení na *secondary modern* a *grammar*). Byla to skutečná bojovnice a mnoho myšlenek z její knihy se nakonec uskutečnilo.

Tito všichni se pokoušeli odhalit „zákony společnosti" a přijít na to, jak společnost „tiká". Všichni však tvrdili v podstatě totéž: že zákony společnosti nepotřebují Boha o nic více než zákony přírody. Svět přírody funguje bez Boha a společnost i lidská přirozenost se bez něj obejdou zrovna tak – právě z takových myšlenek vzešla Velká francouzská revoluce. Rousseau byl nazýván „otcem francouzské revoluce".

V této situaci se církev pokusila vrátit úder a použila k tomu stejnou zbraň – intelekt. Biskup Butler a biskup Berkeley se ze všech sil snažili kázat intelektuálně. Ze všech sil se snažili přebít důkazy svědčící proti Bohu předkládáním důkazů hovořících v Boží prospěch. Udělali z toho tak trochu intelektuální hádku. Upřímně, to nikdy moc dobrého nepřineslo. Přesvědčováním člověka k duchovnímu životu nepřivedete. Můžete se vypořádat

18. století

s některými otázkami a překážkami, ale církev nemůže stát pouze na intelektuálních argumentech.

Názory 18. století byly spíše chladné a intelektuální, což mělo strašlivý dopad na chování lidí. Bylo to století bouří, společnost se obracela vzhůru nohama a schylovalo se k změnám.

V Americe se toto století neslo ve znamení revolty kolonií a založení Spojených států. Jefferson sepsal pod vlivem *Politické filozofie* od Johna Locka Deklaraci nezávislosti. Pokud si nejprve přečtete knihu Johna Locka a pak teprve Deklaraci nezávislosti, pochopíte, kde má Deklarace kořeny.

Ve Francii roku 1789 tyto myšlenky explodovaly v podobě Velké francouzské revoluce. „Rozum" se stal novou bohyní. Na oltář katedrály v Notre Dame v Paříži postavili bohyni rozumu a prohlásili: „Už žádný Bůh" a nastala vláda teroru. Napoleon vtrhl do Říma, zabral papežská území a přivedl papeže coby vězně do Francie – taková bouře to byla.

Jak tyto bouře ovlivnily samotnou Anglii? Odpověď zní: nepatrně. Zatímco všude kolem probíhaly revoluce, Anglie plula dál. Což je opět typicky anglické, řekl bych. Ostatní státy se obracejí vzhůru nohama, ale my necháváme věci prostě plynout. A že plynuly! V oblasti náboženství tehdy panoval srdečný odpor vůči tzv. entuziasmu. Dnes bychom řekli „emocionalitě". Jde o to totéž. Lidé šli do církve s postojem: „Nechceme tu žádné emoce, žádný entuziasmus, žádný fanatismus, jen pěkné intelektuální povídání pana faráře. Hlavně žádné vzrušení, žádné probuzení nebo vyjadřování pocitů." Samozřejmě, že toto není vyvážená zbožnost, a do společenství se pomalu vplížily apatie a letargie. Před sto lety kvůli náboženství bojovali. Teď jen sedí v kostelních lavicích a zívají! Náboženství se tehdy stalo záležitostí vyšší třídy. Pracující člověk byl chudý, nevzdělaný a zkrátka nebyl vítán.

Když Butlerovi nabídli post canterburského arcibiskupa, řekl: „Je příliš pozdě, abych zachraňoval umírající církev. Ještě za mého života zcela zmizí." Takový byl stav církve. A kde dochází k takovému duchovnímu úpadku, morální úpadek je ještě horší.

2000 LET TĚLA KRISTOVA

Pokud byste v 18. století chtěli odpoledne vyrazit někam ven, tak byste vzali rodinu a zašli do Tyburn, dnes známého coby Hyde Park Corner, poblíž Mramorového oblouku. Dnes můžete v okolí oblouku vidět kamenný trojúhelník vsazený do silnice. Na těchto kamenech stávaly šibenice. Přišli jste tam, udělali si piknik a dívali se, jak jsou lidé věšeni. Byla to velká zábava. Děti, ženy, muži – mohli jste být oběšeni i za krádež zboží v ceně pěti šilinků nebo jednoho šilinku v penězích. Tehdy jste do Hyde Parku nechodili, abyste poslouchali řečníky, ale sledovat popravy. Pokud jste měli chuť na jiné povyražení, zašli jste se podívat na kohoutí zápasy. Samozřejmě tu byla i možnost vyrazit nejkratší cestou z Londýna či jiných průmyslových oblastí někam, kde stál veřejný dům, a bylo levné pití. Reklamy na nárožích ulic hlásaly prosté: „Opilý za penny, zpitý do němoty za dvě. Sláma na prospání zdarma." Tohle všechno samozřejmě vedlo k těm nejodpornějším zlořádům.

Nezůstalo jen u těžkého opilství a hazardu, běžné byly také tvrdé rvačky, a pokud byste chtěli blíže poznat společenský život v Anglii během tohoto mrtvého, chladného a intelektuálního období, přečtěte si knihy jako je Fieldingův *Tom Jones*. Nepřipadá vám zajímavé, že podle ní natočili i film? Celý příběh se znovu opakuje. Tom Jones je ukázkovou knihou o nemorálnosti té doby. Nebo se podívejte na Hogarthovy obrazy *A Rake's Progress*[1]. Tam to uvidíte. Nebo si přečtěte Boswellův *Život Samuela Johnsona*, pokud chcete zakusit atmosféru tehdejší vyšší společnosti. Takové bylo 18. století.

Jeden tehdejší spisovatel shrnul situaci následujícím způsobem: „Náboženství v rozkladu, zhýralá morálka, všudypřítomné úplatky a rouhavá mluva." Tak vypadala Anglie v prvních třiceti až čtyřiceti letech 18. století. Není náhoda, že měl Edward Gibbon plné ruce práce s psaním *Úpadku a pádu Římské říše*. Je spíš překvapivé, že nepokračoval dílem o úpadku a pádu anglické společnosti. Klidně by mohl.

---

1 Jedná se o sérii grafik a karikatur kritizujících tehdejší společenskou situaci a morální úpadek; pozn. překladatele.

18. století

Co zabránilo tomu, aby v Anglii nepropukla revoluce? Proč nepovstali chudí? Proč nedošlo k totálnímu společenskému zvratu? Co zachránilo Anglii před stejnou bouří, kterou prošla Amerika a jakou prošla Francie? Co bylo tím vlivem, který změnil směr budoucnosti? Stalo se to, že Bůh „roztočil kohoutek s horkou vodou". Mám dost toho všeho chladného a rozumového. Bůh pustil závan probuzení. Duch Svatý konal v naší zemi ty nejúžasnější věci, a my z nich máme užitek dodnes.

Božím řešením je vždy vybrat nějakého člověka, naplnit ho svým Duchem a tím ho uschopnit k dílu. Jen velmi výjimečně jednal skrze výbory nebo větší skupiny lidí. Jeho stylem je povolávání lidí, kteří pak vykonají práci. Bude to tak vždycky a tito povolaní si musí zachovat správný vztah ke Kristu.

Ve Walesu si povolal Howella Harrise, Griffitha Jonese a Daniela Rowlana, kteří v 18. století změnili kurz velšské historie.

V Americe povolal Theodora Frelinghuysena. Ten ovlivnil velkého kazatele Jonathana Edwardse a velikána modlitby Davida Brainerda, který působil jako misionář mezi indiány. Zemřel už po třech letech, ale změnil americkou historii.

Tito muži byli povoláni Bohem a odhaduje se, že jen na území Ameriky bylo k Pánu přivedeno 300 000 lidí. Když zvážíme tehdejší počet obyvatel, jednalo se o skutečné probuzení, s velkými stanovými shromážděními na konci století.

Dvě země, o kterých se musíme zmínit nyní, jsou v první řadě Německo a potom Anglie, protože byly úzce provázány. V Německu Bůh povolal hraběte Zinzendorfa, který vlastnil panství Herrnhut v Sasku. Na toto panství přišli jednoho dne nějací tuláci. Uctívali Pána Ježíše Krista. Patřili ke zbytkům české církve Jana Husa, a přestože od jeho smrti uplynula celá staletí, dál se prostě scházeli v Pánu Ježíši Kristu. Byli vypuzeni ze své vlasti a přišli k hraběti Zinzendorfovi (který se krátce předtím obrátil ke Kristu). On jim řekl: „Pojďte dál. Mé panství je vám k dispozici. Můžete si tu postavit domy. Budu vás chránit a společně vybudujeme křesťanskou obec." A to také učinili. Říkali si Moravské společenství. Byla to první opravdová misijní společnost v Evropě. Nějaké pokusy o misijní práci proběhly už dříve, ale toto malé společenství Moravských bratří vyslalo v prvních letech přes 25 misionářů, aby přinesli evangelium do nejvzdálenějších koutů světa. Vypravili se do Ameriky, přišli i do Anglie. V severním Londýně, hned pod Alexandrijským palácem, sídlí Moravská církev. Moravské bratry najdete po celé zemi a našli byste je i v Americe a po celém světě. Hrabě Zinzendorf, který stál na počátku toho všeho, měl prostřednictvím svých přátel na Anglii ohromný vliv.

Mimochodem, pokud by vás zajímalo, jaké duchovní písně hrabě Zinzendorf složil, jsou to *Jesus, still lead on till our rest be won (Ježíši, veď nás dál, dokud nezískáme pokoj)* a *Jesus, Thy blood and righteousness (Ježíši, Tvá krev a spravedlnost)*. Hrabě jednou řekl: „Mám jen jednu vášeň a tou je Ježíš." Tato věta vystihuje jeho život. Není divu, že se stal takovým mužem.

Jakým způsobem Bůh pustil horkou vodu v Anglii? Jak zvýšil duchovní teplotu? Odpověď je opět stejná: učinil to skrze jednotlivce. Vložil svou ruku na George Whitefielda, který si mohl dovolit studovat na Oxfordu jen díky tomu, že ostatním studentům čistil boty. Byl to mladík, který to někam dotáhl, mladík, který se nebál těžké práce. Byl to disciplinovaný mladý muž, ale Bůh mu řekl: „Jsi hříšník a potřebuješ spasení". Po ohromném duchovním zápasu poznal George Whitefield Pána Ježíše Krista a začal kázat. Rok po svém obrácení kázal v Gloucesteru na text z 2. Korintským 5,17: „Proto je-li kdo v Kristu, je nové stvoření." Když kázal, řekl něco, co smrtelně urazilo většinu jeho posluchačů: „Je mi jedno, jestli jste byli pokřtěni. Je mi jedno, jestli vám ve jménu Trojice někdo polil hlavu vodou. Musíte se znovu narodit!" A pokračoval: „Získal jsem znovuzrození a chci, abyste je měli také." Když skončil, sedmnáct lidí se nově narodilo. To byl začátek. Brzy kázal davům čítajícím třicet i čtyřicet tisíc lidí. A nepůsobil jen v Anglii. Odjel i do Skotska a kázal čtyřiceti tisícům v Edinburghu, později třináctkrát překročil Atlantik a nakonec zemřel v Americe, ale kázal všude, kamkoliv se dostal. George Whitefield byl jedním z největších Božích služebníků, jaké Anglie spatřila.

18. století

Smutné je, že po jeho smrti většina jeho práce zmizela, protože se nikdy nepostaral o vedení svých nově obrácených. Jedinou osobou, která na něj naléhala, aby zakládal sbory, byla hraběnka z Huntingdonu. Pokud jste někdy viděli sbor, který měl v záhlaví nápis „založeno pod patronací hraběnky z Huntingdonu", pak se jednalo o odkaz na dámu, která podporovala George Whitefielda. Když umíral, řekl: „Mám pocit, že má práce byla jako lano z písku a velmi rychle zmizí". To se opravdu stalo, a tak dnes na žádné whitefieldovce nenarazíte. Najdete jen sbory, které podporovala hraběnka z Huntingdonu, a několik malých skupinek. Stále však platí, že přivedl tisíce lidí k Pánu. Neříkám tím, že odpadli. Našli si cestu do jiných církví.

Příběh Johna Wesleyho se započal v malé vesničce Epworth v Lincolnshiru. V tamním Wesleyho kostele jsem se shodou okolností ženil. Muž, který sloužil na naší svatbě, byl správcem Staré fary, kde John Wesley žil se svou rodinou. Na té faře, daleko v rovinách lincolnského kraje, začalo něco nového.

Prarodiče Johna Wesleyho patřili k nezávislým, což mnohé vysvětluje, ale jeho rodiče byli přesvědčení anglikáni. Působili jako vikářský manželský pár na faře v Epworthu. Rodiče je zapotřebí zmínit.

Samuel Wesley byl vskutku úžasný člověk, tak trochu básník. Léta strávil sepisováním básně o Jobovi, která se ale nikdy neproslavila. Cit pro poezii nicméně předal svým synům. Matka, Susannah Wesleyová, byla neobyčejná žena. Porodila devatenáct dětí a dvanáct z nich vychovala! Jakmile jim byl jeden rok, odnaučila je plakat. Když jim bylo pět, učila je číst, takže na konci prvního týdne byly schopné přečíst první kapitolu Genesis. Netuším, jak to dělala, ani kolik toho byly schopné skutečně pochopit. K dispozici neměla žádné z našich moderních hraček a pomůcek. Každému ze svých dětí věnovala týdně jednu hodinu, aby jim pomohla duchovně růst. Když se podíváte na život Susanny Wesleyové, uvidíte počátky metodismu, který měl teprve přijít.

Když Bylo Johnovi (nebo Jackiemu, jak mu říkávala) sedm let, fara lehla popelem. Všechny děti se podařilo dostat z domu, kromě jediného – malého Johna. Nastal dramatický okamžik, kdy ho viděli stát v prvním patře za oknem. Vesničané vytvořili živou pyramidu, aby ho zachránili a ona jej sevřela v náručí a řekla: „Jsi oharek vytržený z ohně." Od toho dne věřila, že John bude největším z jejích synů a to se také stalo.

John chodil do školy v Charterhouse a později na Oxford, kde se připojil ke svému bratru Charlesovi. Společně tam založili takzvaný „Svatý klub", což také byl. Jeho název všechny ostatní silně pobuřoval. Jeho členové vstávali ve čtyři ráno a modlili se. Během dne studovali jako všichni ostatní a pak navštěvovali věznici. Otevřeli si lékárnu, ve které vydávali léky nemocným. Zoufale se snažili zachránit sami sebe dobrými skutky.

Jedním z členů Svatého klubu byl také John Whitefield, zde se jejich cesty protnuly. Tato skupina studentů se zoufale snažila konat dobré skutky, aby se dostali do nebe. Zatím ještě nepřišli na to, jak se člověk stane křesťanem. Byli ve všem velmi metodičtí, vstávali ve čtyři, chodili do vězení, dělali to a pak zase tohle a všechno si pečlivě zapisovali, takže jim ostatní studenti neříkali Svatý klub, ale dali jim přezdívku: „Metodisti!" Měla to být urážka, ale to jméno se ujalo a používá se dodnes.

Nastal čas, kdy si John uvědomil, že toho pro Boha stále nedělá dost, a vstoupil do duchovní služby jako před ním jeho otec i bratr. John i Charles byli ordinováni arcibiskupem z Canterbury. Stali se kněžími anglikánské církve, ale stále ještě nebyli křesťané. A protože to ve svých srdcích věděli a měli pocit, že stále nedělají dost, nabídli se jako dobrovolníci na misii mezi indiány do Georgie. Mysleli si: „Když půjdu na misii, jistě budu zachráněn." A tak vyrazili, aby spasili své vlastní duše. Můžete dojít tak daleko, aniž byste byli křesťané? Jistěže můžete, tak jako oni – nejen, že byli kněžími, byli navíc také misionáři, a jejich duše nebyly zachráněné, přestože se o to zoufale snažili.

Na cestě do Ameriky, kdesi uprostřed Atlantiku, je zastihla bouře a všichni se velmi báli. Panikařili a mysleli si, že přišel jejich konec. Vyházeli věci přes palubu, aby lodi odlehčili, ale zdálo se, že je vše ztraceno. Avšak uprostřed lodi byla skupina lidí – tiší, klidní a modlili

18. století

se. Moravští uprchlíci z Herrnhutu, známí knížete Zinzendorfa. Když bylo po všem, John Wesley za nimi šel, oblečený ve svém kněžském rouchu, a ptal se: „Jak je možné, že jste se nebáli?" A oni na to: „Proč bychom měli?" Jeden z nich se pak začal vyptávat na Johnovu duši. „Víš, že Ježíš je tvůj Spasitel?" John Wesley, muž v kněžském ornátu, odpověděl: „Vím, že je Spasitelem světa." „Víš ale, že je i tvým Spasitelem?" A John Wesley odpověděl: „Ano", ale ve svém deníku se však ještě té noci přiznal, že to byla lež a napsal: „Jedu do Georgie, abych spasil svou duši. Jak bych mohl zachraňovat duše indiánů?"

Po třech bídných letech plných neúspěchů se vrátil do Londýna a přemýšlel, co by měl dělat. Vrátil se i jeho stejně neúspěšný bratr. Ale chvála Bohu, Bůh měl v Londýně připraveného člověka, který na něho čekal – Petera Böhlera. Také on patřil k Moravským bratřím od hraběte Zinzendorfa. Peter Böhler se jich ujal a mluvil s nimi. A potom, jedné nezapomenutelné neděle, šel John Wesley do katedrály svatého Pavla na bohoslužbu. Když toho rána četl Bibli, našel tam tato slova: „Nejsi daleko od Božího království."

Ještě téhož večera zašel na malé shromáždění německých Moravských bratří v ulici Aldersgate. Nyní tam stojí banka, ale můžete vidět pamětní desku, která to místo označuje. John Wesley tedy 24. května 1738 přišel na shromáždění, kde se právě předčítal Lutherův komentář k listu Římanům. Říkám si, kolik lidí by dnes vydrželo poslouchat několik hodin v kuse předčítání komentáře listu Římanům. Když ale hodiny ukazovaly, že je tři čtvrtě na devět, John Wesley řekl: „Pocítil jsem, jak se mé srdce zvláštním způsobem rozehřálo. Uvědomil jsem si, že důvěřuji Kristu, jenom Kristu, že mě spasí, a byla mi dána jistota, že on shladil mé hříchy, právě mé, a že mě vykoupil od zákona hříchu a smrti." (Pozn. překladatele: *Deník Johna Wesleye v překladu V. D. Schneebergera; vydáno Evangelickou církví metodistickou roku 1992*). V tom okamžiku získal ujištění, že mu skutečně byly odpuštěny hříchy. Zde ho máme, zkrachovalého misionáře, ordinovaného kněze anglikánské církve. Udělal tolik dobrých věcí pro druhé, a přesto nevěděl, že mu byly odpuštěny hříchy. Tak to vypadá, když se snažíte spasit sami a vkládáte důvěru v to, co děláte, místo abyste spoléhali na to, co dělá Kristus, a to byla právě ta věc, kterou se nemohl naučit.

Mimochodem, můj syn se jmenuje Richard Wesley, protože se narodil v neděli večer ve tři čtvrtě na devět, navíc to bylo v Lincolnshire nedaleko Epworthu a jeho starý táta si Johna Wesleye velice vážil.

John pak téměř okamžitě vyrazil do Německa za hrabětem Zinzendorfem. Vrátil se s mnoha novými duchovními písněmi, které přeložil do angličtiny. Vrátil se s touhou kázat evangelium a také s tím začal. Jenže kazatelny se mu zavíraly před nosem. Kdykoli kázal v anglikánské církvi, po shromáždění mu řekli: „Toto byla vaše první a poslední návštěva." Nakonec se dostal do situace, kdy nemohl kázat nikde!

Potom za ním přišel George Whitefield a řekl mu: „Co kdybys kázal pod širým nebem?" John Wesley si pomyslel, že je to nejděsivější nápad na světě, aby ordinovaný kněz nekázal z kazatelny! Pak si ale vzpomněl, že Kristus kázal své Kázání na hoře a odpověděl: „Jestli může na hoře kázat Kristus, proč bych nemohl já?" Odjel do Kingswoodu, to je za Bristolem, k horníkům. Kázal a v deníku si pak poznamenal, jak jim slzy vytvořily na začerněných tvářích bílé řeky!

John Wesley si uvědomil, že ho Bůh volá do stejné služby, v jaké stál George Whitefield. Ten v té době odjížděl do Ameriky a Wesley po něm přebral kazatelskou službu. Svá kázání pod širým nebem zahájil v dubnu 1739. Nutno podotknout, že měl odpůrce. Stávalo se, že ho vlekli za vlasy ulicemi, například při nepokojích ve Wednesbury. Během své padesátileté služby procestoval na koňském hřbetu s Biblí v ruce čtvrt miliónu mil. Přijel do vesnice a začal kázat. Vypadalo to takto: začal tím, že kázal o deseti přikázáních, kázal o zákonu, podle kterého budou každý muž a každá žena souzeni, a pokračoval v tom celé dny, dokud lidé nezačali vypadat nešťastně a ustaraně. Když viděl, že si začínají uvědomovat, že jsou hříšníci, jak píše ve svém deníku: „Přimíchal jsem do kázání o zákoně trochu Boží lásky, a pak víc a ještě víc, až jsem nakonec kázal evangelium Boží lásky."

Wesley objevil, že nemůžete kázat o Boží lásce, dokud jste nekázali o zákoně – nemá smysl kázat Spasitele, dokud jste nekázali o hříchu.

18. století

Vždyť jakou útěchu by mohl přinést Spasitel člověku, který si neuvědomuje svou bídu? V tomto duchu se nesla celá jeho služba.

Byl to skutečně neobvyklý a lákavý pohled, vidět anglikánského kněze oděného v obřadním rouchu, jak stojí uprostřed venkovské louky a takto káže. Lidé nikdy předtím nic takového neviděli, ale on chodil za dělníky.

Hlavními centry jeho kazatelské služby byly Londýn, Bristol a Newcastle a na celém území mezi nimi, v tomto pomyslném trojúhelníku, můžete najít místa, kde kázal. Své poslední kázání přednesl v Leatherheadu v Surrey. Tuto událost nyní připomíná pamětní deska umístěná na tamní radnici.

Kázal všude podle svého hesla „Mou farností je svět". Troška pravdy může být v domněnce, že to bylo jeho nešťastné manželství, co ho udržovalo na cestách, stále v pohybu. Toto byla jediná stinná stránka jeho života, avšak mnozí byli vděčni, že cestovat. Cestoval a cestoval, kázal a kázal. Sedmkrát denně bylo běžné.

Nejenže kázal, ale věnoval se i psaní – publikoval knihy a krátká pojednání. Zakládal školy a sirotčince. Otvíral ošetřovny. Byl prvním člověkem, který k léčbě revmatismu používal elektrický proud, přístroj dnes můžete vidět v jeho domě na City Road. Ukázalo se, že to zařízení produkuje tolik elektrické energie, že by dokázalo zabít člověka, ale on je používal na revma!

Byl to muž mnoha obdarování, ale brzy se ukázalo, že všechnu tu práci nemůže zvládnout sám. Potíž byla v tom, že měl málo kněží, kteří by s ním spolupracovali. Jeho matka však dostala nápad: „A co neordinovaní kazatelé, laičtí kazatelé a místní kazatelé, kteří by nejezdili stále dokola jako ty, ale kázali ve svém okolí?"

Součástí úplně prvního šestičlenného týmu byl John Pawson. Jeho manželka Frances patřila v té době k vůdčím osobnostem žen v metodistické církvi, takže naše kmenová příbuznost sahá až k samotným počátkům! S tímto týmem za zády John Wesley matce odpověděl: „Dej mi stovku takových lidí a my zaženeme Anglii plamenem!" A to se také stalo, protože když zemřel, jeho cestování mělo ovoce v podobě společenství 80 000 lidí.

2000 LET TĚLA KRISTOVA

Wesley nedělal totéž co Whitefield, nebo přesněji řečeno, dělal to, co Whitefield nezvládl. Z obrácených lidí tvořil společenství. Především proto, že je jiné církve mezi sebe nechtěly. Takže zakládal nové, ale nikoli církve, říkal jim sdružení – metodistická sdružení. Každé takové skupině dal učitele, který měl za úkol je duchovně vést. Když bylo sdružení v okrese již mnoho, nazval ten okres obvodem, protože místní kazatel obvod jednou měsíčně objížděl na koni a na každém z míst kázal.

Tento systém se používá dodnes, ačkoli si myslím, že není dostatečně přizpůsoben pro moderní dobu. Pro jízdu na koni a tehdejší dobu šlo o dobrý nápad, byl to ideální způsob organizace. Vytvořil z nich tedy organizaci.

Mějte na paměti, že po celou dobu byl John Wesley anglikánským knězem. Co si o něm mysleli? Obávám se, že nic dobrého, obzvlášť když začal ordinovat duchovní pro Ameriku! Přestože nikdy neopustil anglikánskou církev, bylo jasné, že jakmile zemře, metodistické spolky se stanou Metodistickými sbory – a to se také stalo. K oddělení došlo hned po jeho smrti. Domnívám se, že za to mohl sám John Wesley, nebo přinejmenším udělal všechno, co bylo potřeba, aby k oddělení došlo. Líbí se mi výstižná poznámka, kterou o něm kdosi řekl: „John Wesley byl jako muž veslující na člunu. Tvář měl upřenou k anglikánské církvi, ale každým záběrem vesel se od ní vzdaloval."

Dospěli jsme až na konec 18. století. Kromě anglikánů, presbyteriánů, kongregacionalistů, baptistů a přátel tu nyní máme velmi rozsáhlou skupinu metodistů. Na konci století se navíc směli vrátit také římští katolíci. Začíná se nám tedy tvořit téměř stejný obraz, v jakém žijeme dnes. Musíme opustit Johna Wesleyho a podívat se na ještě jednoho významného muže konce století. Roku 1799 přišel na Cambridge mladý zhýralý student jménem Charles Simeon. Lov, střelba, rybaření, byl to veselý mladý muž. Když přišel na Cambridge, stanul náhle tváří v tvář vlastnímu životu, prošel duchovním zápasem, a když z něj vyšel, získal vědomí odpuštění. Sám o tom řekl: „Vložil jsem své hříchy na Ježíšovu hlavu." Brzy byl ordinován do služby a ve věku 23 let jmenován vikářem v kostele

18. století

Svaté Trojice, kde jsem měl tu čest kázat i já. V sakristii tam můžete vidět jeho čajovou konvici, deštník a portréty. Simeon kázal a do církve se hrnuly davy. Měl také velký vliv na studenty. Právě z jeho společenství pocházel Henry Martyn, který odešel položit život do Persie jako jeden z největších misionářů všech dob. Charles Simeon rozhodně patří na seznam hrdinů tohoto století.

Pojďme zvážit některé praktické věci, které z toho vzešly. Lidé občas říkají: „Jaký má smysl kázání evangelia a zpívání duchovních písní? Potřebujeme spíš lidi, kteří umí vzít za práci a udělat z tohoto světa lepší místo. Všechno to vášnivé evangelizování a vykřikování nikomu nic dobrého nepřinese!" 18. století usvědčuje takové řeči ze lži. Důsledky probuzení v 18. století byly nanejvýš praktické. První z nich je věc, které si svět neváží, ale křesťané si ji cení dodnes.

ROZEZPÍVANÉ STOLETÍ

Připomeňme si některé známé duchovní písně Isaaca Wattse: *I'll praise my Maker; O God, our help in ages past; When I survey the wondrous cross; Jesus shall reign where'er the sun; Come let us join our cheerful songs; Sweet is the work, my God, my King; I'm not ashamed to own my Lord; Give me the wings of faith to rise.* (*Budu chválit svého Stvořitele; Bože, tys naše pomoc věků minulých; Když hledím na úžasný kříž; Ježíš bude vládnout všude, kam dopadá slunce; Pojď se přidat k naší radostné chvále; Sladké je dílo, můj Bože, můj Králi; Nejsem zahanben, že mám Pána; Dej mi vzlétnout na křídlech víry).* Byl tu také Philip Doddrige: *Hark the glad sound, the Saviour comes; O God of Bethel, by Whose hand; O happy day that fixed my choice* (*Slyšte milou píseň, Spasitel přichází; Bože Bethelu, čí rukou; Šťastný den, který napravil mou cestu).* William Cowper: *God moves in a mysterious way; There is a fountain filled with blood; Jesus, where'er Thy people meet; Sometimes a light surprises* (*Bůh jedná tajemným způsobem; Fontána plná krve; Ježíši, kdekoli se schází tvůj lid; Někdy tě světlo překvapí).* John Newton: *How sweet the name of Jesus sounds; Glorious things of Thee are spoken; Begone, unbelief* – a na jejím konci verš: *With Christ in the vessel I can smile at the storm (Jak sladce zní jméno Ježíš; Úžasné věci promlouváš; Odstup, nevíro).* V posledním verši stojí: *S Kristem u vesla se usmívám i tváří v tvář bouři.*

Charles Wesley, Johnův bratr, napsal na šest tisíc duchovních písní. Psal je pro každou myslitelnou příležitost. Dvě z nejkrásnějších jsou: první pro mladé lidi, kteří poprvé opouštějí domov; složil pro ně píseň, kterou mohou zpívat; druhá je určena pro matky v porodních bolestech a je to ta nejkrásnější píseň. Pomáhá zpívající matce soustředit myšlenky na Pána, když přivádí na svět své dítě. Charles psal písně během jízdy na koni, a když se vrátil domů, řekl: „Nemluvte na mě! Podejte pero a papír, rychle!" Pak začal psát a byla z toho chvála. Rok po jeho obrácení mu Peter Böhler, německý Moravan, řekl: „Kdybych měl tisíc jazyků, chtěl bych zpívat chválu Kristu." Vzniklo z toho: *O for a thousand tongues to sing my great Redeemer's praise (Tisíc jazyků zpívá chválu mému Vykupiteli).* A několik dalších: *Ye servants of God, your Master proclaim; Hark, the herald angels sing; Christ the Lord is risen today; Rejoice, the Lord is King; Lord from whom all blessings flow; And can it be that I should gain...; Jesus, Lover of my soul; A charge to keep I have; Soldiers of Christ, arise; O Thou who camest from above; Love divine, all loves excelling; O for a heart to praise my God (Služebníci Boží, váš Pán hlásá; Hle, andělé Boží prozpěvují; Kristus Pán dnes povstal z mrtvých; Radujte se, Hospodin je Králem; Pán, od něhož plyne vše požehnání; Mohu snad opravdu získat...; Ježíši, miláčku mé duše; Služba, v níž stojím; Bojovníci Kristovi, povstaňte; Ó Ty, jenž přicházíš shůry; Lásko Boží, ty jsi nade všechny; Srdce chval mého Boha).* Bylo to století písní. Když se lidé začnou obracet, chtějí zpívat, a žádné jiné století nebylo tak prodchnuté zpěvem duchovních písní.

NEDĚLNÍ ŠKOLY

Kdybych se vás zeptal, kdo založil nedělní školu, přemýšlím, kolik z vás by to vědělo. Pokud o tom máte alespoň nějaké povědomí, pravděpodobně řeknete Robert Raikes v Gloucesteru. Já bych vám však řekl, že se mýlíte. S nedělní školou začala Hannah Ballová z High Wycombu, metodistická dáma, jejíž hrob se nachází na hřbitově ve Stokenchurch. Hannah Ballová založila nedělní školu v někdejší továrně na nábytek a stalo se tak v důsledku korespondence s Johnem Wesleyem. Byla to právě Hannah, kdo navrhl Robertu Raikesovi: „Proč neuděláš totéž?" Je zajímavé, že v Gloucesteru stojí socha Roberta Raikese, na níž je napsáno „Zakladatel nedělní školy".

Převzal ten nápad od ní, ale Hannah Ballová (pokud chcete navštívit její hrob, leží na pravé straně stokenchurchského hřbitova) s nedělními školami začala, a roku 1780 její myšlenku převzal Robert Raikes v Gloucesteru. Ona ji však vedla už několik let předtím.

Vzal jsem do ruky knihu *Ženy raného metodismu* a hned vedle Frances Pawsonové jsem našel Hannah Ballovou!

SOCIÁLNÍ SPRAVEDLNOST

Když se lidé obracejí, napravují společnost. Došlo hned k několika věcem: rozběhla se pomoc chudým, otvíraly se lékárny nabízející léky zdarma, zakládaly se sirotčince a školy, zahájila se vězeňská reforma. Vězeňská reforma Johna Howarda má kořeny v probuzení 18. století.

Výjimečným příkladem, který vyčnívá nade všemi, byl William Wilberforce a jeho boj proti otroctví. Poslední dopis, který John Wesley napsal, byl adresován Williamu Wilberforcovi. Nabádal ho, aby svůj boj dovedl až do konce. Pokud se někdy ocitnete v Kingston-upon-Hull, zajděte si do Muzea Williama Wilberforce. Toto vzešlo z probuzení.

KVALITNÍ LITERATURA

Další věcí, která následovala, byl příval kvalitní literatury. Přímým důsledkem bylo založení vydavatelství The Religious Tract Society *(Společnost pro náboženské texty)* a The British and Foreign Bible Society *(Britská a zahraniční biblická společnost)*; podobně také Komentáře od skvělého biblického učitele, Thomase Scotta.

MISIJNÍ SPOLEČNOSTI

Posledním důsledkem, který bych rád zmínil, je zakládání misijních společností, a vliv Británie, v dobrém smyslu, na zbytek světa.

K pokusům o misijní práci došlo už dříve, ale naplno propukly až na konci 18. století jako důsledek probuzení.

Roku 1792 byla utvořena Baptistická misijní společnost. Byli to právě baptisté, kdo se do toho pustil jako první. Jistý švec z Northamptonu, William Carey, vytvořil z odstřižků kůže glóbus a modlil se za svět, především pak za Indii. Tento obrácený švec se stal baptistickým kazatelem ve sborech northamptonského kraje. Spolu s několika dalšími uspořádal roku 1792 v Ketteringu slavnou sbírku, kde se vybralo 13 liber, 2 šilinky a 6 pencí, což bylo tehdy poměrně dost peněz, a založil Baptistickou misijní společnost. O rok později už byli na cestě do Indie, aby tam následně rozběhli významnou misijní práci. To bylo roku 1792. O tři roky později se anglikáni, kongregacionalisté a presbyteriáni nechtěli nechat zahanbit a společně založili Londýnskou misijní společnost (LMS), která vyslala Morrisona do Číny, Livingstona do Afriky a s nimi i řadu dalších slavných misionářů.

Metodisté nechtěli zůstat pozadu a roku 1796 založili Všeobecnou metodistickou misijní společnost. Roku 1799 se anglikáni rozhodli otevřít svou vlastní, a vznikla Církevní misijní společnost. Právě v tomto období byla založena také Britská a zahraniční biblická společnost.

To všechno se odehrálo na konci století jako důsledek evangelikálního probuzení. Kdo může tvrdit, že zapálená evangelizace nemá výsledky? Kdo může tvrdit, že nadšení pro Pána nemůže změnit svět? Přeji si, abyste si z tohoto století odnesli především poučení, že to, čemu člověk věří, ovlivní jeho chování. Chladný intelektualismus – úpadek morálky. Vroucí evangelium – vše, co jsem vyjmenoval výše. Někdo řekl, že první metodisté byli jako svazek neposkvrněných sněženek rostoucích na hromadě hnijícího odpadu. Chcete-li porozumět metodistickému důrazu na odmítání alkoholu a hazardních her, pamatujte, že vychází z reality 18. století. Tehdy museli na těchto věcech trvat, pokud se měl člověk přiblížit Pánu. A bojovali a podařilo se jim Anglii vyčistit.

18. století

Jeden francouzský historik řekl, že pokud chceme porozumět, proč francouzská revoluce, uctívání rozumu a následná anarchie nezasáhly také Anglii, musíme studovat život Johna Wesleyho. To je obrovská poklona. Bůh měl svou odpověď i tehdy, když chladný lidský rozum tvrdil, že než čemukoliv uvěří, musíte mu to dokázat. Tento postoj zabíjel náboženství, a když zabijete náboženství, zabijete i morálku. Když lidé říkají „Žádný Bůh", říkají tím zároveň: „Nic dobrého".

Bůh povolal lidi, kteří ukazovali na zjevení; kteří upozorňovali, že Bůh nám dává poznání, jež věda nemůže dokázat ani popřít; kázali evangelium o nadpřirozeném zázraku, o živém Bohu, který může přijít a proměnit život, proměnit celou společnost. Poukazovali na to, že ani přírodní, ani lidskou přirozenost neovládají vlastní zákony, ale vládne nad nimi Bůh, a že Bůh může obojí změnit podle svých věčných záměrů. Toto potřebujeme poznat všichni. Opět se objevili zapálení Boží muži, kteří přinesli této zemi evangelium Ježíše Krista, a z důsledků tohoto probuzení máme užitek dodnes.

/ Kapitola devátá /
19. STOLETÍ (1)
1800–1850

Po roce 1800 v Anglii začaly probíhat dvě důležité změny. Zaprvé došlo k velkým přesunům obyvatel z venkova do měst. Průmyslová revoluce byla v plném proudu. Byl vynalezen parní stroj a lidé se začali shromažďovat ve městech, aby tam společně žili a pracovali v naprosto otřesných podmínkách. V první polovině století Charles Dickens poprvé vydal knihu Kronika Pickwickova klubu. Pokud si ji přečtete, dozvíte se, jaké podmínky panovaly ve vězení pro dlužníky a jak tehdy vypadal společenský život. Británie začala stavět „temné ďáblovy mlýny" na „anglických zelených libých pláních".[1]

Druhou významnou změnou, která se tehdy děla, byl strmý nárůst počtu obyvatel. Připomeňme si, že roku 1800 žilo v Anglii asi 5 milionů lidí. Později však byla země natolik přelidněná, že jistý kněz jménem Malthus napsal *Úvahu o principech populace*, kde řekl: „V Británii není dost jídla, aby mohli být nasyceni všichni. Co s tím můžeme dělat? Nemůžeme navýšit množství jídla, tak musíme najít způsob, jak snížit počet obyvatel." Antikoncepci odmítal a prohlásil, že jediným řešením bude, když se lidé budou ženit a vdávat ve vyšším věku a nebudou sociální příspěvky, které podporují velké rodiny. Na konci tohoto období žilo v Británii 9 milionů lidí.

---

1 Pozn. překladatele: Autor odkazuje na báseň Williama Blakea Milton: A Poem in Two Books, která vyšla v době průmyslové revoluce a kritizovala její dopad.

2000 LET TĚLA KRISTOVA

Změny však probíhaly i na úrovni duševní, nebo snad lépe řečeno emocionální. Už jsme si řekli, že 18. století začalo chladným hnutím, kterému říkáme racionalismus; bylo to století rozumu. V 19. století se kyvadlo zhouplo na opačnou stranu a nové století začalo změnou atmosféry, kterou nazýváme romantismem. Tento směr přinesl tři následující věci. Tou první bylo, že se lidé začali velmi zajímat o pocity. V popředí už nebylo „myšlení", nyní šlo o „pocity". Když vám řeknu, které romány byly napsány v těchto padesáti letech, pochopíte, co tím myslím. Jane Austenová napsala *Pýchu a předsudek*. Victor Hugo napsal *Chrám Matky Boží v Paříži*. Thackeray napsal *Jarmark marnosti*. Sestry Bronteovy psaly v Haworthu v Yorkshiru, Charlotta sepisovala *Janu Eyrovou* a Emily tvořila úžasný příběh *Na větrné hůrce*. Následovaly Trollopeovy *Barchesterské věže* a mnoho dalších románů. Díla se vracela k romancím, zpět k lásce, zpět k citům, které k sobě lidé chovají. A tak začalo romantické hnutí.

Jestliže první změnou byl návrat k pocitům, druhý vliv, který se objevil, byl návrat k historii. Lidé cítili, že hodili přes palubu příliš velkou část minulosti, že všechny ty nové myšlenky, Velká francouzská revoluce, vyhlášení nezávislosti Ameriky a veškeré změny, jež nastaly, znamenaly především velkou změnu myšlení, ale že srdce zůstalo daleko pozadu. Je to zvláštní: mysl člověka můžete změnit velmi rychle, ale srdce tak rychle změnit nelze. Člověk si může myslet, že ta změna je dobrá, ale jeho srdce říká: „Ne, tohle neudělám. Mám příliš rád staré pořádky." A protože nyní znovuobjevili srdce, vrátili se k historii a začali se nořit do minulosti a psát o ní knihy, romány i skutečné příběhy.

Sir Walter Scott měl plné ruce s psaním *Ivanhoa*, Alexandre Dumas začínal se *Třemi mušketýry* a *Hrabětem Monte Cristo*, Macaulay tvořil *Dějiny Anglie*, Blackmore *Lornu Doonovou*. Všechno to byly historické knihy, odsud máme slavné historické romány. Romány, ve kterých naše city míří zpět do minulosti. Tomu se říká nostalgie. Toužíte se vrátit do domu, kde jste se narodili? Chtěli byste se vrátit na místa, která jste kdysi znávali? To jsou pocity srdce. Rozum by řekl, že vracet se nemá smysl, ale srdce říká: „Strašně rád bych se

19. století (1) (1800–1850)

vrátil a navštívil všechna ta stará místa." Já sám jsem nevyléčitelně nostalgický. Miluji, když se mohu vracet na místa, která jsem znával, nebo vidět věci spojené s minulostí. Mysl hledí do budoucnosti, ale srdce lpí na minulosti.

A zatřetí – lidi to ohromnou silou táhlo zpět k náboženství, protože náboženství založené pouze na rozumu je příliš chladné, ale náboženství vycházející ze srdce dokáže lidi obohatit. Mnohé duchovní písně napsané v této době vás skutečně vezmou za srdce. *Abide with me, fast falls the eventide (Zůstaň se mnou, večer již nadchází).* Jestli kdy existovala romantická duchovní píseň, je to tato. Jestli se kdy nějaká duchovní píseň dokázala dotknout nejhlubších citů, pak to byla tato. Dodnes se zpívá na fotbalových zápasech, protože lidé jsou v hloubi duše romantičtí, v hloubi duše jsou nostalgičtí, někde hluboko uvnitř milují emoce a taková píseň se dotýká jejich citů.

Toto vše probouzelo zájem o náboženství a první polovina 19. století přinesla jeho obrovský rozkvět. Všechny denominace, které jsme v průběhu dějin zmínili, tedy anglikáni, metodisté, baptisté, kongregacionalisté, přátelé a další rostly rychlostí požáru, především nonkonformisté. Jejich počet brzy překonal velikost anglikánské církve. Zatímco v roce 1800 bylo mezi lidmi, kteří chodili do kostela, jen 5% nonkonformistů, v roce 1850 už jich byla polovina. 19. století bylo významným stoletím nonkonformismu a svobodných sborů, především metodistických, a baptisté nezůstávali příliš pozadu. Byla to velká éra svobodných církví, ve Skotsku jim říkali opozičníci. Nejenom rostli, ale také se štěpili. Z církevních dějin jsem se poučil, že v obdobích růstu a expanze se církve štěpí, kdežto o jednotě se mluví v čase, kdy upadají.

To, co teď řeknu, může vyznít zle, ale chci, abyste o tom přemýšleli. Živé organismy rostou dělením. Je to poučení z biologie, které jsem si odnesl z laboratoře. Místa, kde dnes probíhá největší růst církve, jsou také místy s největším výskytem rozdělení. Kdežto na místech, kde se nejvíc zabývají jednotou, církev stagnuje. Nechci tímto způsobem obhajovat rozdělení, ale předkládám to jako fakt. Lze ho aplikovat i na místní sbor: čím je větší, tím méně roste. Čím více se dělí, tím více roste. Rozdělení bylo celá staletí prostředkem k rozšiřování církve. Přestože ale docházelo k rozdělení – metodisté se v té době rozdělili do nejméně tří proudů, skotská církev do dvou a dělili se i další – panovala atmosféra, kterou lze shrnout heslem: „zůstávejme ve spojení".

Bylo to právě v těchto padesáti letech, kdy se šest baptistických sborů sešlo a vytvořilo Baptistickou jednotu. Existovala spousta společností, které fungovaly vně denominací, ale zároveň jimi procházely napříč. Jeden soukenický pomocník jménem George Williams se rozhodl založit hnutí, které by mělo za cíl získávat mladé muže pro Krista. Nazval je „The Young Men's Christian Association"[2] – YMCA. Rozšířilo se po celém světě. Představte si, že v té době musel člověk, který se k nim chtěl připojit nebo jen využít jejich zařízení, jasně prokázat, že je novým stvořením v Kristu a na písmeno C (Christian = křesťanské) v názvu kladli velký důraz, mnohem více než v moderní době.

Byla to také éra protestantské misie. To platí pro celé 19. století, ale zatímco v jeho první polovině vykonávaly misijní práci denominace, druhá polovina se nesla ve znamení mezidenominačních misijních společností, které vznikaly především po otevření Čínské domácí misie, založené roku 1865 Hudsonem Taylorem. Čínská domácí misie se stala novým modelem misijní společnosti.

V letech 1800-1850, tedy v období, které stále mělo převážně denominační charakter, se objevili velcí misionáři, jako byl Henry Martyn. Rozhodl se, že se nakonec neožení s báječnou mladou ženou, s křesťankou, do níž byl hluboce zamilován, ale odejde na misii. Věděl totiž, že by ji nemohl vzít s sebou tam, kam ho Pán volá. Rozloučil se s ní a odcestoval do Indie, kde přeložil Nový zákon a Knihu společných modliteb do hindustánštiny. Pokračoval do Persie, což bylo pro misii nanejvýš obtížné místo, a zemřel ve věku 31 let. Pokud někomu náleží označení velký křesťan, pak je to on.

V první polovině tohoto století se ve skotském Blantyre narodil chlapec jménem David Livingstone. Obrátil se ke Kristu a řekl: „Budu

---

2 Křesťanské sdružení mladých; pozn. překladatele.

19. století (1) (1800–1850)

Hospodinovým misionářem v Číně." Věděli jste, že se Livingstone chtěl původně vydat do Číny? Bůh ale naše nápady občas nenaplní a Davida Livingstona poslal za velkým jihoafrickým misionářem Robertem Moffatem, který překládal Písmo do kmenových jazyků. Livingstone si tam, mimo jiné, našel manželku, oženil se s Moffatovou dcerou. V následujících patnácti letech prozkoumával africkou náhorní plošinu a vyšlapával tak cestu pro další misionáře, kteří mohli přicházet a přinášet evangelium.

Byla to éra Alexandera Duffa, velkého skotského misionáře, jenž roku 1829 odešel do Indie. Samuel Marsden odjel na misii do Austrálie a na Nový Zéland. Skutečně to vede k zamyšlení, viďte? Dnes tyto oblasti nepovažujeme za misijní pole, ale tehdy tomu tak bylo. Za zmínku stojí i den, kdy Robert Morrison s podporou Londýnské misijní společnosti vstoupil do Číny a vytvořil čínský slovník a překlad Bible.

V této době tedy nerostla pouze církev u nás doma, ale také v zahraničí.

A byla to rovněž éra vzniku nových duchovních písní – psali je Wesley, Watts a mnozí další, které jsem zmínil už dříve. Vlna skládání duchovních písní se pak přelila až do 19. století. Zatímco 18. století je významné kvalitou vznikajících písní, století 19. je známé jejich množstvím.

Během dvaceti let bylo publikováno dvaačtyřicet zpěvníků, které se používaly ve všech denominacích kromě anglikánské církve, v níž byl zpěv písní v té době stále ještě nelegální! Jistý muž napsal zpěvník, přinesl ho do svého sboru, kde podle něho zpívali a hned se ocitl „na koberečku" před biskupem. Ten mu řekl: „Podívej, takhle nemůžeš. Taková věc vždycky rozzlobí chlapce tam nahoře. Dej mi ten zpěvník, já ho vydám pod svým jménem a pak by to mohlo projít." To se stalo a dobrý biskup vydal zpěvník pod svým jménem a od té doby je mu připisován. Tím mužem byl anglikánský biskup Heber působící v Kalkatě. Jeho přičiněním do anglikánské církve pronikly například písně: *Brightest and best of the sons of the morning; Holy, Holy, Holy, Lord God Almighty* a *The Son of God goes forth to war*

(Nejzářivější a nejlepší ze synů úsvitu; Svatý, svatý, svatý, Pán Bůh všemohoucí a Syn Boží jde do války).

Právě v této době se objevují také první ženy píšící duchovní písně. Henriette Auberová napsala *Our blest Redeemer, e'er He breathed His tender last farewell (Náš požehnaný Spasitel, tehdy vydechl své něžné poslední sbohem)* a Charlotte Elliottová vytvořila hymnus, jenž se stal dle mého nejslavnější duchovní písní tohoto století: *Just as I am without one plea (Tak jak jsem, bez jediné prosby).*

Marshman, baptistický misionář, který spolupracoval s Williamem Careyem překládal indické písně, napsané indickými křesťany, a posílal je zpět do vlasti, a tak jsme začali zpívat hymny ze zámoří. Jedním z nich byla píseň Krishny Pala *O Thou my soul (Ó, duše má).*

Byli tu mnozí další. Muž jménem Cotterill složil *Hail the day that sees Him rise (Sláva dni, jenž ho vidí povstat).* Henry Frances Lyte, vikář z Brixhamu v Devonu, napsal *Praise, my soul, the King of heaven (Chval duše má Krále nebes)* a také *Abide with me (Zůstaň se mnou).* John Greenleaf Whittier je autorem *Dear Lord and Father of mankind (Drahý Pán a Otec lidstva)* a *Immortal Love forever full (Nesmrtelná Láska navždy plná)* a *Dear Lord and Master of us all (Drahý Pán a Mistr nás všech).* Byl to farmářský chlapec, který slyšel skotského podomního obchodníka zpívat písně Robbieho Burnse. To ho povzbudilo, aby to zkusil také, a začal psát duchovní písně. Měl blízko ke kvakerům a velmi litoval, že dvě staletí ticha odnaučila kvakery zpívat. Psal tedy písně, aby je to znovu naučil. To se mu sice nepodařilo, nicméně my jeho písně máme a radujeme se z nich. Muž jménem Conder napsal písně jako *The Lord is King! Lift up thy voice (Pán je Král! Pozvedni svůj hlas)* a mnohé další. J. Anstice, jenž žil pouhých dvacet osm let, napsal *O Lord how happy should we be if we could cast our care on Thee (Ó Pane, jak šťastni bychom byli, kdybychom svou starost uměli uvrhnout na Tebe).*

Takové písně vám pomáhají uctívat Pána a jejich původ sahá právě do tohoto období historie, kdy lidé hledali Boží tvář.

Sociální péče, jejíž počátky sahají do 18. století, se v této době už rozběhla naplno. Rád bych vám řekl, v jak strašných podmínkách

19. století (1) (1800–1850)

mnozí lidé žili. Zaprvé tu byla otázka otroctví. William Wilberforce se pustil do boje proti otroctví, protože byl křesťanem.

Kniha od Williama Wilberforce, kterou bych rád, abyste si přečetli, však vůbec není o tělesném otroctví, je o duchovním otroctví hříchu. Je to nejlepší kniha, jakou jsem na toto téma četl. Právě proto, že mu šlo o vysvobození lidských duší, měl starost také o jejich těla. Bojoval velmi tvrdě, až se mu roku 1807 podařilo přesvědčit premiéra Williama Pitta, aby vydal zákon o zrušení otroctví na všech britských územích. Trvalo dalších dvacet let, než bylo skutečně zrušeno, ale William Wilberforce se toho dožil a řekl: „Díky Bohu za to, že jsem se dožil dne, kdy se Anglie uvolila obětovat 20 milionů liber šterlinků na zrušení otroctví." Protože tolik nás to stálo. Pokud si dovedete představit, jaké jmění to tehdy představovalo, pochopíte, proč se proti Wilberforcovi postavili největší obchodníci Británie.

Další sociální oblastí, do které křesťané vstoupili jako předvoj, byly pracovní podmínky. Přemýšlel jsem o tom, když bylo mé dceři 10 let. Tehdy jsem si uvědomil, že roku 1800 pracovali děti už od věku sedmi let, a to od pěti hodin ráno do osmi večer, s pouhou půlhodinovou polední přestávkou. Myslel jsem na svou desetiletou dceru a říkal si, že bych nechtěl, aby v takové továrně pracovala ani polovinu toho času. Myslím, že vy také ne. Za to, že vaše děti nemusí takto pracovat, vděčíte křesťanskému svědomí.

Představte si pětileté děti v uhelných dolech, jak tam dvanáct hodin sedí, otvírají a zavírají dveře šachty, zatímco kolem nich táhnou vozíky plné uhlí! Pětileté děti! Ženy a děti lezly po čtyřech, nahé a řetězem připoutané k uhelnému vagonu, v temnotě ho posouvají tam a zpět, dokud nemají rozedřená a krvavá kolena, nebo dokud jim neztvrdnou jako velbloudům. Tohle se dělo kolem roku 1800. Tak vypadala tehdejší Anglie. Byla to doba, kdy se komíny čistily tak, že se do nich strčili malí chlapci, aby je zevnitř vymetli. Možná si vzpomenete, že proti tomu protestoval Charles Kingsley ve svém románu *Tom a vodní děti*.

Byl to svět, kde neexistovala bezpečnost práce, kontroly továren ani zákony omezující pracovní dobu. Tento úkol čekal na Anthonyho

2000 LET TĚLA KRISTOVA

Ashleyho Coopera, pozdějšího lorda ze Shaftesbury. Byl to tory[3] každým coulem. Narodil se do vysoké společnosti, byl to bohatý muž a chodil do školy v Harrow. Jednoho dne šel ze školy a viděl pohřeb jakéhosi chudáka. Skupina opilců se motala dolů z kopce s rakví, jenže zakopli, rakev spadla a ti muži řvali smíchy, že se rozpadla. Posbírali jednotlivé kousky a pokračovali v cestě na hřbitov. Anthony Ashley Cooper na to nikdy nezapomněl, a protože tou dobou již věřil Pánu Ježíši, řekl: „Pane, dám celý svůj život, abych pomohl chudým v této zemi, když mi ukážeš jak."

Trvalo mnoho let, než byla jeho modlitba vyslyšena, ale roku 1842 se lord ze Shaftesbury dočkal podpisu zákona, jenž zakazoval najímat na práci v uhelných dolech ženy a dívky a chlapce mladší 13 let. O pár let později byl přijat slavný Desetihodinový zákon, který omezoval pracovní dobu v továrnách na deset hodin a zakazoval pracovat dětem mladším 9 let. To byl lord ze Shaftesbury, křesťan, který měl v záhlaví každého papíru, na který kdy psal, slova: „Přijď, Pane Ježíši!" K práci ho inspiroval právě druhý příchod našeho Pána. Pro tuto zemi to byla také éra vězeňských reforem, s nimiž budou navždy spojena jména Elizabeth Fryové a Johna Howarda, a éra rostoucí vzdělanosti. Mějte na paměti, že v roce 1800 by se moje a vaše děti jen sotva dostaly k jakémukoliv vzdělání. Museli byste být velmi bohatí. Museli byste se narodit ve velmi vysokých kruzích, abyste mohli získat vzdělání. Během těchto padesáti let křesťané (poznamenejte si – křesťané) rozpoznali nebezpečí negramotnosti a tvrdě proti ní bojovali.

Roku 1811 anglikáni založili Národní společnost pro vzdělání a o tři roky později – protože se nechtěli nechat zahanbit, zahájili nonkonformisté provoz Britské a zahraniční školské společnosti. Po celé zemi se otvíraly školy.

Tehdy věřili, že vzdělání by nemělo být v rukou státu, ale v pravomoci církve, a právě tak vznikaly první školy. Tak to bylo

---

3 Pozn. překladatele: Toryové je lidové označení pro zastánce kozervativní politické filozofie a příslušníky konzervativní strany.

19. století (1) (1800–1850)

až do roku 1870, kdy stát požádal církve, aby se svých škol vzdaly. Svobodné církve to učinily beze zbytku, anglikánská církev pouze částečně a římští katolíci vůbec. Než k tomu ale došlo, vzdělání obyčejným chlapcům a dívkám v Anglii přinesli křesťané. Skotsko bylo, samozřejmě, napřed, jak tomu u nich v oblasti vzdělání obvykle je, a již John Knox požadoval, aby škola a kostel byly v každé farnosti.

Křesťané bojovali za ukončení obchodu s opiem. Podíleli se na prosazení zákazu bičování v armádě. Křesťanské svědomí mělo zkrátka plné ruce práce se sociálními reformami, jako byly tyto.

Co se dělo během těchto padesáti let v anglikánské církvi? Odehrály se vzrušující události, které ji změnily a ovlivňují dodnes. Roku 1830 se stalo něco, co zcela zhatilo pozdější snahy o sjednocení anglikánů a metodistů v roce 1967. Tak byly tyto události důležité.

Naše vyprávění o anglikánské církvi jsme přerušili rokem 1800, kdy byla její situace následující. Uvnitř církve existovaly tři skupiny: nízká, široká a vysoká, nebo je nazvěme jejich skutečnými jmény: evangelikálové, volnomyšlenkáři a katolíci. „Nízcí" byli evangelikálové, kteří se drželi Písma a 39 článků. „Širocí" věřili všem možným naukám a kázali nejrůznější lidské filozofie a názory. „Vysocí" pak usilovali o obnovení římskokatolických praktik, jaké se v církvi používaly před nástupem reformace.

Nízká, tedy evangelikální skupina, si místy vedla dobře. Jedním z těch míst, kde se jí dařilo, byla Cambridge, kde kázal zbožný Charles Simeon a kde do kostela Svaté trojice mířily davy lidí. Počet evangelikálních anglikánů rostl, ale ani zdaleka netvořili většinu. Dvě skupiny, z nichž jedna se dnešního dne nedožila, zatímco druhá se schází nadále, měly významný vliv. První z nich byla skupina laiků, druhá skupinou kněží. Té skupině laiků se říkalo také Claphamská sekta, protože se scházeli v londýnském Claphamu. Do této skupiny patřili William Wilberforce, John Thornton, jenž se stal prvním pokladníkem Britské a zahraniční biblické společnosti, Zachary Macaulay a mnoho dalších významných Angličanů.

Poprvé se sešli jako domácí skupinka k modlitbám a ke studiu Písma. Během těchto setkání se probudilo jejich sociální svědomí a tato Claphamská sekta začala významně ovlivňovat život našeho národa, protože se jim skrze parlament podařilo odstranit z naší společnosti mnohé zlo.

Tou druhou skupinou evangelikální větve anglikánské církve, byla tzv. Islingtonská kněžská konference. Od prvního setkání, k němuž došlo v první polovině 19. století, se scházeli rok co rok. Snažili se v anglikánské církvi prosadit evangelikální charakter.

Nyní se dostáváme k široké církvi, která možná byla nejpočetnější, ale byla ve špatném stavu. Bylo to mrtvé náboženství, jež postrádalo směr, protože mu scházel pevný základ založený na opravdové víře. Bylo světské a chladné. Spíše než o křesťanství se jednalo o „náboženství". V takovém prostředí v lidech postupně narůstá nespokojenost a chtějí s tím něco udělat. Jedna taková skupina, která s tím něco udělala, se zformovala roku 1827, a nedošlo k tomu v Londýně, nýbrž v Dublinu. Penzionovaný misionář Anthony Norris Groves, John Parnell, pozdější lord Congleton, právník J. G. Bellett, doktor Cronin, W. F. Hutchinson a John Nelson Darby, který byl na začátku anglikánským vikářem. Vzešlo z toho hnutí, které dnes známe pod názvem *bratři*. Je velmi důležité a zajímavé, že vzešli z umírající anglikánské církve – to vysvětluje jak jejich náklonnost k anglikánské církvi, tak jejich odpor, a mnohé z událostí, které se od té doby staly. Vzešli z mrtvého prostředí širokého anglikánství, které jim v otázce spasení nemělo co nabídnout. A tak se spojili a rozhodli se vrátit zpět do Nového zákona, aby začali znovu a nalezli novozákonní vzor pro bohoslužbu. Proto zrušili duchovní úřady a prostě se setkávali a prosili Pána, aby jim skrze ně samé sloužil On sám. Obrovský důraz kladli, a to byla jejich silná stránka, na znalost Písma. Řekl bych, že bratři znají své Bible lépe než kdokoliv jiný. Je docela na místě dodat, že znají své interpretace Písma lépe než jakékoliv jiné, doufám, že tuto poznámku pochopíte v dobrém slova smyslu.

Scházeli se a jejich zájem o Písmo s sebou přinesl také důraz na blízký návrat Pána Ježíše Krista, což je v životě křesťana vždy zdravá motivace. Ruku v ruce s tím šel ohromný důraz na kněžství všech věřících. Každý anglikán, který se k nim připojil, se tak oddělil od

19. století (1) (1800–1850)

klerikalismu a „církevnictví" a stal se prostým bratrem. Oslovovali se stejně jako křesťané v Novém zákoně.

Toto hnutí se šířilo, nebo spíš spontánně vytrysklo, do mnoha dalších míst. Z Dublinu do Plymouthu, kde se utvořila první skutečná skupina bratří v této zemi. Proto je mnoho lidí, k jejich nelibosti, začalo nazývat plymouthskými bratry.

Jejich vůdcem byl B. W. Newton, kterého po letech věrné služby obvinili, že je heretik a káže falešné učení, a došlo k rozdělení. Někteří lidé, kteří s ním původně byli v Plymouthu, odešli do Bristolu. V tamním sboru se rozvinul velmi podobný způsob bohoslužby i členství. Sbor pojmenovali Bethesda a v čele společenství stáli dva muži, kteří ho vedli po způsobu bratří. Jedním byl George Muller, muž ohromující víry. Předpověděl, že bristolský sirotčinec, který sotva přežíval, získá finanční podporu ve výši milionů liber (jeden z mála sirotčinců, které nikdy nezveřejňovaly své potřeby). Henry Craik a George Muller shromáždili několik skupin, jež byly pozůstatkem rozdělení ohledně Newtona. J. N. Darby z toho příliš velkou radost neměl. S trochou nadsázky lze říci, že Darby vedl skupinu exkluzivních bratří, kdežto Craik s Mullerem se stali vedoucími otevřené skupiny bratří. Byl mezi nimi jasně patrný rozdíl: otevření bratři navazovali vztahy s dalšími křesťany, exkluzivní bratři nikoli. Další významný rozdíl byl, že otevření bratři tvořili naprosto nezávislé sbory, které si své záležitosti řešily samy. Exkluzivní bratři byli spíše centralizovaní a měli vedení shora. Na takovém modelu lze mimochodem vidět, že pokud v čele stojí dobrý člověk, šíří se dobrý vliv skrze celou organizaci, ale pokud máte špatného člověka, okamžitě ovlivní každou oblast hnutí.

Svého času jsem sloužil jako kaplan u Královského letectva. Pokaždé mé srdce poskočilo, když jsem viděl, že má někdo na registrační kartě vyplněné „bratři". Z nějakého důvodu se museli do letectva registrovat pod jménem „Plymouthští bratři". Bylo to jediné oficiální jméno, které Její Výsost uznala. Kdykoli jsem takovou kartu viděl, hned jsem věděl, že do letectva přichází křesťan a půjde o skvělého pracanta. Pokud jsem v kartě našel něco jiného, mohli to být dobří mladí muži nebo také křesťané jen podle jména. To říkám a vzdávám tím bratřím hold, protože bratři ovlivnili křesťanské kruhy mnohem výrazněji než by odpovídalo jejich počtu, jejich vliv je přímo úměrný jejich kvalitě. K hlavním nedostatkům, které bylo možné vidět, patřil nedostatek cítění se společností a sociální pomoci.

Společenské reformy a odstranění různých druhů zla v 19. století spočívaly převážně na bedrech evangelikálních anglikánů a na Claphamské sektě, o nichž jsem již dříve mluvil.

Pozornost nyní obrátíme na tzv. vysokou část anglikánské církve. Nízká část měla svou Claphamskou sektu pro laiky a Islingtonskou kněžskou konferenci pro duchovenstvo. Široká církev byla v podstatě mrtvá, světská a chladná, proto povstali křesťanští bratři, coby oddělená skupina. Vysoká církev však roku 1830 získala ohromný impuls, který se zrodil v Oxfordu. Oxfordské hnutí.

Stalo se to takto. Roku 1828 byl konečně zrušen neblaze proslulý Zákon o zkoušce. Ten zakazoval římským katolíkům a nekonformním, aby se stali členy parlamentu. Od roku 1828 se tedy nekonformní i římští katolíci mohli stát členy anglického parlamentu. Uvědomte si, že anglický parlament ovládal anglikánskou církev a anglikánští duchovní se tedy jednoho dne probudili do skutečnosti, v níž nekonformní a římští katolíci měli ovládat jejich církev. To probralo skupinu duchovních v Oxfordu, kteří pochopili, co jim hrozí. V čele skupiny stáli John Henry Newman, Richard Hurrell Froude, Edward Pusey, John Keble a F. W. Faber. Řekli: „Musíme vzít církev a učinit ji zase takovou, jaká bývala, vzít ji z rukou lidí a vrátit ji do rukou Božích." Takový byl jejich hlavní cíl. Říkali: „Musíme s církví nakládat jako s Boží věcí, nikoli lidskou. Nemá být hračkou parlamentu, ale má ji řídit Bůh. Jak to uděláme?" A protože se to odehrálo v průběhu zmiňovaného romantického hnutí, odpověděli si: „Vrátíme se k tomu, jak to bývalo dříve."

Nevrátili se však k Novému zákonu, jak se o to snažili bratři, ale ohlíželi se do středověku a na řecké a latinské otce. Začali tedy vyučovat velice neobvyklé věci a publikovali je prostřednictvím série malých traktátů. Celkem jich bylo asi 120, proto je mnozí nazývali

19. století (1) (1800–1850)

traktátovým hnutím. Učili například následující věci: skutečnými duchovními jsou pouze ti, kteří byli jmenováni biskupem; skutečnými biskupy jsou pouze ti, kteří mohou doložit, že jejich posloupnost sahá 2000 let zpátky ke Kristu; když je dítě pokřtěno, je znovuzrozeno z Ducha a stává se křesťanem; kněz skutečně mění víno a chléb v tělo a krev Páně. John Henry Newman v jednom ze svých traktátů napsal prohlášení, kterým se skutečně oddělili: „Je naprosto v pořádku, když duchovní anglikánské církve tvrdí, že věří 39 článkům, a zároveň si osobuje právo vykládat si je po svém."

Byl to přímý zásah do srdce anglikánské církve a vyvolal takový rozruch, že John Henry Newman opustil anglikánskou církev a odešel do římskokatolické církve, kde se stal kardinálem, a mnozí další traktátníci z Oxfordu udělali totéž. Je smutné, že to neudělali rovnou, protože se jim podařilo radikálně ovlivnit anglikánskou církev.

Zde je odstavec od biskupa Knoxe napsaný roku 1933: „Patrně i Newman nebo Pusey by žasli, kdyby navštívili místa své dřívější práce a viděli by biskupy v mitrách oděné do plášťů a ornátů, duchovní a kostely nazdobené k nerozeznání od těch římskokatolických, obrazy Panny Marie obklopené hořícími svíčkami, nádobky na hostie, monstrance a další podobné důkazy uctívání hostie, a slyšet jak jsou v anglikánských kostelích slouženy mše za živé i mrtvé."
Toto hnutí, které začalo s dobrými úmysly, nakonec způsobilo, že se do anglikánské církve vrátily římskokatolické praktiky a důsledky tohoto hnutí můžeme vidět ve většině farností až dodnes.

Toto vše je závažné, já myslím, že to byla nejhorší věc, která se anglikánské církvi přihodila od dob reformace. V následujícím století zhatila veškeré snahy o rozhovory s metodisty. Všechny ztroskotaly na anglo-katolících, kteří trvali na tom, že jakákoliv sjednocená církev musí mít biskupy, jejichž původ sahá do středověku a ještě hlouběji.

Přes to vše mi dovolte říci, že vykonali také mnoho dobrého. Psali písně, jež vyjadřovaly hlubokou úctu. Náboženství brali skutečně vážně, toužili učinit církev Boží věcí a kladli důraz na Krista jako na středobod myšlení. Mám s vysokými anglikány společného mnohem více než s anglikány širokými a myslím, že evangelikální anglikáni by vám řekli totéž.

Kdybychom se jen mohli zbavit římské stránky celé věci, otázky biskupů, všech těch rouch, rituálů a liturgie. Nemyslím, že by jich bylo zapotřebí, aby církev byla tím, čím má být, nicméně zaměření na Krista potřebujeme.

Zde je několik písní, které tito muži napsali. John Keble: *Blest are the pure in heart; New every morning is the love (Požehnaní čistého srdce; Láska se obnovuje každého rána).* John Henry Newman: *Praise to the Holiest in the height; Lead, kindly light, amidst the encircling gloom (Chval Nejsvětějšího na výšinách; Laskavé světlo, vyveď nás obklopené temnotou).* Vzpomínám si, že si jeden snoubenecký pár přál slyšet tuto píseň na své svatbě, a já si tehdy pomyslel, jaká je to úžasná volba! Faber napsal: *My God, how wonderful Thou art; There's a wideness in God's mercy (Můj Bože, jak jsi úchvatný; Boží milost se rozpíná).* Pusey je autorem: *Lord of our life and God of our salvation (Pán našich životů a Bůh naší spásy).* A další vytvořili: *Good Christian men, rejoice; Jerusalem the golden; O happy band of pilgrims; See amid the winter's snow; Jesus, the very thought of Thee; When morning gilds the skies (Křesťané dobří, radujte se; Zlatý Jeruzalém; Veselá kapela poutníků; Hle, vprostřed zimní vánice; Ježíši, pouhá myšlenka na tebe; Když jitro pozlatí nebe).*

Darovali nám jedny z nejkrásnějších duchovních písní, jaké máme. Anglo-katolické písně ve vás pokaždé vyvolají pocit, že Bůh je svatý, a že svatou by měla být i církev. Je tragické, že se to dobré smísilo s tímto „návratem" – romantickým návratem ke středověkým rituálům a liturgii, který překryl hlubokou zbožnost, jež byla na počátku.

Skončili jsme rokem 1850 a v další kapitole bych se rád podíval na polovinu století, která byla z evangelikálního pohledu nejdůležitější.

Roku 1850 dva muži pilně sepisovali díla, která se v následující stovce let stanou hlavní překážkou křesťanské víry. Jednomu z nich se takřka podařilo vymazat křesťanství z třetiny naší planety. Byl to německý Žid pracující pro britské muzeum. Jak se jmenoval? Karel Marx. Pracoval na své knize *Das Kapital* (*Kapitál*; pozn.

19. století (1) (1800–1850)

překladatele). O pár let dříve již vydal *Komunistický manifest*, ale nyní zasedl k sepsání knihy, jež měla změnit směr dějin. Po návratu z okružní plavby na lodi Beagle po jihoamerických ostrovech začal Charles Darwin psát knihu *O původu druhů*. Jak *Kapitál*, tak *O původu druhů* byly použity jako zbraň proti křesťanské víře, takovým způsobem jako nikdy předtím v dějinách, téměř proti přesvědčení jejich autorů, a určitě proti vůli a přání Charlese Darwina. Zdálo se však, že nebesa byla na tento útok připravena, jako by Bůh Duch svatý věděl, co přichází, a tak se rozhodl roku 1859 vylít na Anglii takové probuzení, takové hnutí Ducha svatého, takovou proměnu společnosti, mužů i žen. Tisíce lidí byly vtaženy do Božího království, aby církev přestála nadcházejících padesát let.

Kristus si hodlal svou církev zachovat. Kristus ji budoval. Neřekl, abychom to udělali my. Řekl: „Já vybuduji svou církev". Když studuji dějiny církve, vidím Ježíše Krista, jak stojí ve stínu a posílá Ducha Svatého, kdykoli je třeba, aby posilnil svůj lid, aby je vším provedl. Jedinou společností, která nikdy nezmizí z povrchu tohoto světa, je církev Ježíše Krista. Nezmizí, dokud se On nevrátí, a tehdy s Ním bude celá církev vládnout ve slávě. Chvála Jeho jménu.

/ Kapitola desátá /
19. STOLETÍ (2)
1850–1900

Léta 1850 až 1900 byla érou žen. V Anglii vládla žena, od níž získala tato doba svůj název – viktoriánská éra. Doba, které se nyní budeme věnovat, je dobou vlády královny Viktorie. Je to však také éra Florence Nightingalové a mnoha dalších slavných žen.

Byla to doba chození do církve. Jedné neděle roku 1851 proběhlo sčítání lidu, které ukázalo, že toho dne navštívilo církev 40% obyvatel Anglie. Přitom šlo o úplně obyčejnou únorovou neděli. Většina z nás si uvědomuje, že za viktoriánské éry uctívalo Boha mnohem více lidí než dnes. Této době vděčíme za mnohé. Jeden křesťanský služebník (původně patřil do anglikánské církve, ale nyní je to baptista) mi řekl: „Když jsem odešel, bylo to, jako bych přešel ze středověku do viktoriánské éry!" Myslím, že chápu, co tím myslel. Z denominace, která využívá převážně středověké budovy nebo budovy postavené v takovém stylu, se přesunul do denominace s kaplemi vybudovanými převážně ve viktoriánském slohu. V 70. letech 20. století jsem si uvědomil, že baptistické písně jsou viktoriánské, že naše budovy jsou viktoriánské a obávám se, že viktoriánské je někdy i naše myšlení. Mnohé se změnilo až koncem 20. století. Snad nás trochu omlouvá, že viktoriánská éra byla pro Anglii nepochybně největším obdobím z pohledu evangelia. Rád bych vysvětlil proč.

Byla to doba, kdy Británie budovala říši, „nad níž slunce nikdy nezapadá". Dnes nám to všechno může znít poněkud zvláštně. Tehdy

2000 LET TĚLA KRISTOVA

Británie platila za nejvlivnější zemi na světě a něco znamenala. V mnoha věcech jsme dobrým způsobem ovlivňovali celý svět, protože v naší zemi pracoval Duch svatý.

Své povídání rozdělím do dvou částí: „Co v těchto padesáti letech dělal Bůh" a „Co v těchto padesáti letech dělal Ďábel". Druhá část patří k nejsmutnějším částem našeho příběhu.

Nejdříve se ale pojďme podívat na ty radostné věci. Budeme zkoumat, co Duch svatý dělal v 50., 60., 70., 80., a 90. letech 19. století. Každé desetiletí se neslo ve znamení nějaké úchvatné práce Ducha svatého, za něž jsme dodnes Bohu vděční. Důsledky těchto hnutí nám dosud přinášejí užitek.

Začněme padesátými léty. Roku 1857 vypuklo probuzení. Duch svatý se přihnal v moci a během dvou let strhl do církve 2 miliony lidí. Nezačal s tím však v Anglii, nýbrž v Americe. Roku 1857 začalo probuzení, během kterého se v Americe obrátilo a přišlo do církve na milion lidí. Z Ameriky se probuzení šířilo jako oheň, nejprve do Ulsteru v Severním Irsku a odtud do Anglie. Roku 1859, tedy dva roky poté, co začalo v Americe, probuzení zakusila i Anglie. Stejně jako v Americe i v Anglii se k tělu Kristovu připojil milion lidí, a to v pouhých několika málo letech. Je to vzrušující příběh, a pokud se o něm chcete dozvědět víc, přečtěte si knihu J. Edwina Orra *The Evangelical Awakening* (*Evangelikální probuzení*; pozn. překladatele). Jedná se o úžasně zpracovaný popis hnutí Božího Ducha během probuzení a Orr za tuto knihu mimochodem získal doktorát.

Toto probuzení bylo v několika ohledech významné: Amerika poprvé v historii vedla duchovně Anglii, což od té doby platí až dodnes. V předchozích 100 až 150 letech byla vůdčí Anglie a posílala evangelium do Ameriky. Život přicházel přes Atlantik z Anglie. Od roku 1857 to funguje obráceně. Naše země to občas nelibě nese. Říkáme: „Proč se nedrží doma a neobracejí na víru gangstery z New Yorku a Chicaga? Proč posílat americké evangelisty sem k nám?" Je s podivem, že v dobách, kdy evangelisty posílali Britové, nikdy takto neuvažovali. Naše myšlení je natolik jednosměrné, že těžko snášíme,

19. století (2) (1850–1900)

když máme být příjemci, ale tak se to prostě stalo. Američané v uplynulém století znovu a znovu ovlivňovali náš duchovní život.

Na začátku probuzení, roku 1857, se obrátil dvacetiletý podnikatel Dwight L. Moody. Ačkoli ještě několik let pokračoval v podnikání, nakonec pochopil, že ho Pán z tohoto oboru odvádí, aby kázal evangelium. Nalezl muže obdarovaného ke zpěvu, Iru D. Sankeye, a společně pak vyrazili na cesty. Řekl bych, že navzdory všem velkým věcem, které se staly v tomto století, tu nikdy nebyl takový evangelista z Ameriky jako svého času Dwight L. Moody. Dopad jeho evangelizačních kampaní můžeme vidět dodnes.

Ovocem probuzení v 50. letech byla žeň významných mužů v letech šedesátých. Za svůj duchovní život vděčili probuzení a významně změnili směr křesťanských dějin. Abyste si mohli udělat jasnou představu o kvalitě těch, kteří vzešli z tohoto probuzení, vyberu alespoň tři z nich.

Prvním byl doktor Thomas Barnardo, povoláním lékař, který se připravoval na misii v Číně, ale nikdy nedošel dál než do Londýna. Proč? Protože jednou večer potkal neznámého chlapce a zeptal se ho: „Proč nejsi doma?" A chlapec odpověděl: „Já žádný domov nemám."

Doktora Barnarda to šokovalo, a tak se ujišťoval: „Jistě přece musíš mít nějaký domov."

Chlapec však řekl: „Nemám. Nikdo z nás ho nemá."

„Nikdo z vás? A kolik vás je?"

„Stovky!"

„Ukaž." A malý uličník z londýnského East Endu vzal doktora Barnarda na různá místa, do skladišť a zvedal celty a ukazoval mu opuštěné chlapce. Doktor Barnardo pochopil, že Bůh nechce, aby jel do Číny, ale aby zůstal v Londýně a postaral se o potřeby těchto dětí. Věřím, že na britských ostrovech by se nenašel nikdo, kdo by neznal doktora Barnarda, nebo by neslyšel o domovech, které pro tyto chlapce založil. Jeho heslem bylo: *Chudému dítěti nikdy neodepřeme pomoc* – nebo hovorově: *dveře jsou stále otevřené.*

Dalším mužem, jehož v 60. letech povolal Bůh v důsledku probuzení, byl William Booth. Ten spolu se svou manželkou

2000 LET TĚLA KRISTOVA

Catherine založil organizaci, která funguje dodnes – Armádu spásy. William Booth sloužil u metodistů, ale metodisté se v té době stali příliš váženou církví a už nezískávali duše jako kdysi. Bootha probuzení natolik zasáhlo, že vyšel do ulic a obracel lid. Kázal. Používal nejrůznější metody. Bubnoval na buben, troubil na trubku, zkrátka dělal všechno, aby pronikl k lidem a získal je pro Krista. Jeho nadřízení v rámci denominace to však nesli nelibě a na památné konferenci metodistů byl William Booth požádán, aby s tím přestal a ukončil všechny nekonvenční evangelizace. Jak tam tak před nimi stál a váhal, ženský hlas zakřičel z galerie: „Nikdy, Williame, nikdy!" Catherine v tom okamžiku prakticky založila Armádu spásy.

Vyrazili do londýnského East Endu a našli tam nepopsatelnou nouzi. Tou dobou se domů z Afriky vrátil velký badatel, jehož jméno jistě znáte, a vydal svou knihu *V nejtemnější Africe*[1].

O rok později publikoval William Booth *V nejtemnější Anglii – a jak z toho ven*, knihu, v níž odhalil ekonomické, sociální a morální potřeby Londýna. Shromáždil kolem sebe skupinu mužů a žen a v 70. letech konečně prohlásil: „Musíme se stát Kristovou armádou!" Vedl tedy tuto skupinu jako armádu, s uniformami, hodnostmi, velením shora a přísnou disciplínou a společně s nimi bojoval své bitvy.

Jednou z největších bitev, o které vždy rád poslouchám, byla bitva o shromáždění pod širým nebem. Existovalo mnoho míst, kde taková shromáždění neměli rádi a jedním z nich bylo exkluzivní letovisko na jižním pobřeží jménem Eastbourne. Náboženství v ulicích se jim ani trochu nelíbilo, a tak vydali vyhlášku, která to zakazovala. Jakmile ji někdo porušil, ocitl se na policejní stanici. Místní vojáci Armády spásy uspořádali shromáždění pod širým nebem a byli odvedeni na policii. William Booth rozeslal rozkaz všem dostupným vojákům na území Anglie: *„Přijeďte do Eastbourne a uspořádejte shromáždění pod širým nebem!"* Z každého vlaku, který do Eastbourne přijel, vystupovali další a další vojáci, a ti uspořádali shromáždění pod

---

[1] Jedná se o Henryho Mortona Stanleyho, slavného britského novináře a cestovatele; pozn. překladatele.

19. století (2) (1850–1900)

širým nebem. Policejní stanice praskala ve švech a museli zabrat místní školu, aby tam uvěznili další zadržené. Ale i škola se naplnila. Eastbourne nakonec tváří v tvář této armádě kapitulovalo a Booth vyhrál bitvu. Mohl všude rozhlašovat: „Eastbournským nevadí shromáždění pořádaná venku!" a bitva byla vyhrána. Přetrpěli násilí, posměch i nepochopení, ale pokračovali dál.

Jednu věc William Booth odmítl udělat a nevím, zda to byla chyba či ne – odmítl být církví, a proto odmítal křtít nebo slavit Večeři Páně. Celým jeho záměrem bylo přivést člověka ke Kristu, předat ho církvi a tím pro něj práce končila – nechal církev, aby pokračovala. Kdyby to fungovalo, bylo by to skvělé, ale samozřejmě to nefungovalo. Tehdejší církve, stejně jako o sto let dříve metodistické konvertity, nově obrácené nepřijímali, a tak jim Booth musel zajistit nějaké společenství. Obrácení tedy dodnes zůstávají součástí jednotek Armády spásy, stále bez křtu a Večeře Páně. Mluvil jsem o tom s generálem Couttsem[2] a ten mi řekl, že mnozí důstojníci cítí, že by tyto věci měli mít a že jim chybí.

Armáda spásy se brzy vrhla do sociálních aktivit a dobročinných prací a řekl bych, že navenek jsou nyní známí především prací v sociální oblasti než na duchovním poli. Věřím ale, že v polovině 20. století do Armády spásy přišel nový závan života a s ním nový přístup k problémům a touha změnit způsob práce. Bůh si v budoucnu opět použije Armádu spásy ohromným způsobem.

Třetím mužem, na něhož se podíváme, je Hudson Taylor. Opět si zopakujme, že všichni tito významní muži vzešli z probuzení v 50. letech a na pódiích stanuli na počátku let 60. a 70. Významným datem k zapamatování je rok 1865. Dovolím si jen naznačit něco z života tohoto yorkshirského mladíka. V jednom z letovisek jižního pobřeží prožíval duchovní krizi, zápasil s Bohem, Bůh ho zlomil a vyhrál zápas. Hudsona Taylora velice tížily milióny hynoucích v Číně a toto břemeno ho přimělo vyrazit na cestu.

---

2 Nejvyšší vedoucí Armády spásy v letech 1963-1969; pozn. překladatele.

Nutno dodat, že z jeho práce vzešla Čínská domácí misie[3], z níž se časem zrodila Zámořská misijní společnost.

Tato misie výrazně změnila dosavadní způsob misijní práce a do značné míry i její rozsah. Dva rozdíly mezi jeho přístupem k misijní práci a přístupem tehdejších misijních společností nadále ovlivnily naše chápání misie. Na jednu stranu učinil něco, co mělo mnohem širší záběr než činnost ostatních společností. Na druhou stranu byla jeho práce mnohem užší. Pokud jde o širší záběr, byl připraven přijmout na misii lidi z kterékoliv denominace. Předtím jste měli Baptistickou misijní společnost, Metodistickou misijní společnost, Londýnskou misijní společnost, Církevní (anglikánskou) misijní společnost – zkrátka denominační společnosti. Nyní se poprvé objevila misie, která byla mezidenominační, a měla tak širší základnu.

Ta druhá neobvyklá věc, kterou učinil a která byla naopak užší, se týkala financí a náboru misionářů a vyvolala od té doby mnohé diskuze. Do té doby byly finanční potřeby a nábory služebníků záležitostí celé církve a od celé církve se očekávalo, že ve víře poskytne peníze a lidi. Například Baptistická společnost v Indii by poslala zprávu a celé církvi doma řekla: „Potřebujeme tolik a tolik peněz, lidí a dalších věcí," a církev jako Boží rodina na sebe vzala břemeno a modlila se a hledala způsob, jak tyto potřeby naplnit.

CIM však od začátku své činnosti považovala takový postup za špatný. Podle ní se jednalo o projev nevíry vůči Bohu, pokud člověk hledá řešení jinde než u Pána. Misijní společnost si tedy své potřeby nechávala pro sebe a nesdílela je s církví. Jinými slovy se stalo, že rodina, která musela používat víru, se nyní zúžila na ty, kdo sloužili přímo na misijním poli. V tomto smyslu byla misijní práce zúžena.

Řekl bych, že pro někoho je správný jeden přístup a pro druhého zase jiný. Záleží na tom, jak je vede Pán. Pro tyto dva principy (a především pro ten druhý) se Hudsonovi Taylorovi začalo říkat „misionář víry" a vznikl i termín „misie víry". Tahle přezdívka udělala mnoho škody. Byla to přezdívka, kterou si on nevybral,

---

3 China Inland Mission – CIM

19. století (2) (1850–1900)

dali mu ji jiní, ale vyvolávala dojem, že všechny ostatní společnosti před ním nepracovaly na základě víry. Dle mého názoru se víra uplatňovala i dříve, pouze jiným způsobem. Tuto společnost Bůh vedl určitým směrem a ostatní vedl zase jinak.

Po CIM vznikla v této době celá řada dalších misijních společností – Africká domácí misie, Misijní unie zahraničních oblastí a mohli bychom jmenovat mnoho dalších. Všechny byli mezidenominační, ale své potřeby si nechávaly pro sebe a nesdílely se o nich se zbytkem církve, především pokud šlo o finance. Jednalo se o vliv Hudsona Taylora, který změnil pohled na misii po roce 1865.

Británie byla v té době stále ještě vůdčí silou na poli mezinárodní misie, ale Amerika ji začínala dohánět, jak jsme si řekli už dříve.

Při studiu historie jsem zaznamenal, že se v 70. letech objevilo hnutí za prohloubení duchovního života v Anglii. Začalo to roku 1870 v londýnském Mildmay, kde vikář William Pennefeather postavil síň pro 2500 lidí a pořádal v ní shromáždění. Jeho cílem bylo učinit z lidí lepší křesťany. O dva roky později řekl panu Moodymu: „Co kdybys přišel a kázal?" a tehdy Moody a Sankey přišli do Británie.

Přijeli roku 1873 a jen v Londýně kázali dvěma a půl milionům lidí. Shromáždění probíhala bez velkoplošné projekce, moderních propagačních agentur a bez dalších podobných pomůcek, které pro podobná shromáždění používáme dnes. Cestovali po Irsku, Anglii i Skotsku a kamkoli přišli, stahovali se k nim bohatí i chudí, vzdělaní i negramotní, aby si poslechli amerického evangelistu a Sankeyovy písně, které se hrály ještě ve 20. století. Myslím, že hudba se na celé věci podílela možná stejnou měrou jako kázání. Ti dva tvořili dokonalý tým.

Jedním z důsledků Moodyho návštěvy bylo, že se v Británii po jeho odjezdu do Států utvořila skupina lidí, kteří se scházeli a hledali Duchem naplněný život. Mezi nimi byli i vikář z Keswicku, reverend T. D. Harford-Battersby, a kvaker Robert Wilson. Scházeli se coby malá skupinka, aby byli naplněni Duchem a keswický vikář jednou řekl: „Proč neuspořádat shromáždění přímo v Keswicku, v Lake District? Pomůžeme tím lidem, aby dělali totéž." a roku 1875 se konal první Sjezd v Keswicku. Dnes byste shromáždění s tímto jménem našli po celém světě. Můžete jet třeba na Nový Zéland a zúčastnit se Keswického sjezdu. Nebo můžete jet do Ameriky a jít na Keswický sjezd.

Následujícího roku, tedy 1876, se v Cambridge dala dohromady skupina studentů a založila tzv. Cambridgeskou univerzitní křesťanskou unii[4], obecně známou také jako CICCU. Pokud jste chodili na Cambridge, pak víte, co CICCU znamená. Roku 1879 zahájila činnost OICCU, Oxfordská univerzitní křesťanská unie[5]. Po celé Anglii začaly vznikat křesťanské unie jako houby po dešti a nakonec se spojily v hnutí, kterému říkáme SCM – Studentské křesťanské hnutí[6].

Největší událostí, k níž došlo v 80. letech, bylo vydání nového překladu Bible, a to po více než dvou stech letech od předchozího vydání. Tento překlad si však nikdy nezískal velkou oblibu a neujal se. Jmenoval se Revidovaná verze z roku 1880. Před mnoha lety jsem si fascinovaně prohlédl Bibli C. T. Studda, tedy jednu z nich. Každý rok si pořizoval novou, protože ji za tu dobu pokaždé zcela opotřeboval. Byla plná jeho poznámek, myšlenek a komentářů a jednalo se právě o Revidovanou verzi z roku 1880. V 80. letech se odehrály také další události, které se C. T. Studda týkaly. Roku 1882 se D. L. Moody vydal do Cambridge a lidé říkali: „Probuzenec v Cambridgi? Na intelektuální půdě? Nikdy! To bude propadák." D. L. Moody ale přijel a mezi intelektuály na univerzitě se odehrály ohromné věci. Mezi intelektuály, kteří do té doby prohlašovali, že křesťanství je zastaralé, protože vědci jej vyvrátili. Důsledkem této návštěvy bylo, že se o dva roky později sedm významných studentů a sportovců vypravilo do Číny, mezi nimi i kriketový hráč Studd, takže vše co dále navazovalo na jeho práci, včetně Celosvětového evangelizačního tažení s jedenácti sty misionáři a oblastním vedením v Bulstrode Parku, vzešlo z Moodyho návštěvy v Cambridge.

V té době se odehrávaly zajímavé věci také v Americe mezi studenty Princetonské univerzity. Roku 1886 student Robert Wilder shromáždil skupinku studentů a řekl: „Modleme se, aby

---

4 The Cambridge Inter-Collegiate Christian Union; pozn. překladatele
5 The Oxford Inter-Collegiate Christian Union
6 Student Christian Movement

19. století (2) (1850–1900)

za moře vyrazila tisícovka studentů kázat evangelium." Brzy měli stovky studentů, kteří se nabízeli, že vyrazí na misii. Říkali si Studentské dobrovolnické hnutí. Tato myšlenka se rozšířila po celém studentském světě a v následujícím desetiletí, roku 1892, bylo Studentské dobrovolnické hnutí na setkání v Edinburghu formálně ustanoveno. Jejich mottem bylo: „Evangelium do celého světa během této generace." To byl jejich cíl a tisícovka studentů brzy vyrazila na misijní pole. Během pětadvaceti let odjelo do zámoří devět tisíc studentů, aby tam kázali evangelium. Jedním z vůdců tohoto hnutí byl skvělý muž jménem John R. Mott. Možná jste o něm už slyšeli. Obrátil se, lidsky řečeno, díky bratrovi C. T. Studda. Roku 1895 se z Křesťanského úsilí[7], které začalo jako malé shromáždění při Kongregační církvi v Londýně, stala Světová unie křesťanského úsilí[8]. Znamenalo to další celosvětový rozmach křesťanské aktivity.

Takové věci tedy dělal v této polovině století Duch svatý, a jak si jistě dovedete představit, z tohoto kypícího duchovního života vzešla celá řada duchovních písní a mnoho kazatelů.

Někteří z největších kazatelů povstali v této době. Byli to například Charles Haddon Spurgeon a Keir Hardie, zakladatel Nezávislé strany práce[9], byl dalším velkým evangelistou. Ostatně v původní Straně práce bylo mnoho křesťanů – Hugh Price Hughes, F. W. Robertson z Brightonu a mnoho dalších velkých kazatelů, které možná znáte jen podle jména, ale duchovní písně přetrvaly. Ze Států přicestovali také Torrey a Alexander – Torrey kázal a Alexander zpíval.

Zde jsou příklady písní napsaných v tomto období. Nevidomá dívka Frances J. van Alstyneová napsala *To God be the glory; Fill Thou my life; Praise Him, Praise Him, Jesus our blessed Redeemer; Jesus is tenderly calling; Blessed assurance Jesus is mine; Rescue the perishing (Bohu buď sláva; Ty sám naplň můj život; Chval ho, chval ho, Ježíše, našeho požehnaného Spasitele; Ježíš něžně volá; Ježíš je má požehnaná jistota!; Zachraň hynoucí).* Frances Ridley

---

7 The Christian Endeavour; pozn. překladatele.
8 The World Christian Endeavour Union
9 The Independent Labour Party

2000 LET TĚLA KRISTOVA

Havergalová – *Master, speak Thy servant heareth; Lord, speak to me that I may speak; Take my life and let it be; Who is on the Lord's side? (Mistře, mluv, tvůj služebník poslouchá; Pane, mluv ke mně, ať mohu mluvit; Vezmi můj život a učiň ho; Kdo je na straně Pána?).* Christina Rossettiová – *In the bleak midwinter; None other Lamb (Uprostřed chmurné zimy; Žádný jiný Beránek).* Paní C. F. Alexanderová – *Once in royal David's city; There is a green hill far away; All things bright and beautiful (Stalo se v královském městě Davidově; Daleko leží travnatý kopec; Všechno je zářivé a krásné).* Harriet Beecher Stoweová – *Still, still with Thee (S tebou ve ztišení).* Anna Letitia Waringová – *In heavenly love abiding; My heart is resting, O my God (Z nebeské nepomíjející lásky; Mé srdce odpočívá, ó můj Bože).* Arabella Catherine Hankeyová – *I love to tell the story (Chci vám vyprávět příběh).*

Všechny zmíněné události dokonce inspirovaly samotného premiéra a William Ewart Gladstone začal psát písně. Když máte premiéra, který mezi schůzemi kabinetu píše duchovní písně, pak je to skutečně něco! Byla to doba veliké obliby zpěvu duchovních písní.

Zdálo se, jako by církev měla vletět do 20. století a již brzy proměnit celý svět na křesťanský. V roce 1900 mnozí křesťané věřili, že k tomu dojde nejpozději do roku 1930. Do 20. století vstupovali s vírou, že stojí na prahu Tisíciletého království. Duchovní probuzení v letech 1857 až 1900 bylo natolik mocné, že to vypadalo, jako by evangelium už nemohlo nic zastavit.

Ale běda! Ďábel měl plné ruce práce a během zmíněných padesáti let udělal pět věcí, které na několika místech světa evangelium téměř zastavily, a v následujícím období pomohly církev v Anglii téměř zabít. Ďábel nemínil jen tak sedět a dívat se, co se děje, aniž by se nepustil do boje. (Jeho dny jsou sečteny a já věřím, že tuto bitvu již prohrál).

Ze stejné oblasti v Americe, odkud původně vzešlo probuzení, povolal falešné kulty, lidi, kteří přicházeli s Biblí v ruce a tvrdili, že jsou křesťané. Svůj protiútok si připravil na východním pobřeží Ameriky. Roku 1830 vznikli Mormoni. V jejich čele stál Joseph Smith se svými neuvěřitelnými příběhy o tom, jak našel zlatou knihu, kterou

19. století (2) (1850–1900)

mu naneštěstí vzal anděl, takže ji nemohl nikomu ukázat. Roku 1831 se objevili Adventisté sedmého dne, roku 1848 Spiritisté, roku 1876 Scientisté a v roce 1881 Svědkové Jehovovi.

Téměř každá z těchto sekt vznikla na atlantickém pobřeží Ameriky. Jejich jádrem bylo často pokřivené vidění Kristova návratu. Vy i já musíme otvírat dveře bratrům z druhé strany Atlantiku, kteří se pokoušejí šířit svou převrácenou verzi křesťanství. Jsou mezi nimi rozdíly a někteří se křesťanství blíží více než jiní. Například Adventisté sedmého dne jsou mnohem blíž než Svědkové Jehovovi. Svědkové Jehovovi jsou možná největší sektou, která v této době vznikla.

Základní věcí, na které mnoho z nich ztroskotá, je tato: nevěří, že Ježíš je Bůh. Přesto však v rukou třímají Bibli a dokážou z ní namátkou vybrat text, kterým vás popletou. Myslí si, že jsou jediní, kdo Bibli skutečně zná. Bránit se jim dokáže jedině člověk, který ji zná lépe. Většinu jejich členů tvoří lidé, kteří původně navštěvovali církev, kde se jim nedostalo dostatečného biblického vyučování. Tak prosté to je.

To byl první Ďáblův protiútok. Dnes můžete Jehovisty najít i v částech světa, kam křesťanští misionáři dosud nedorazili. Patří mezi nejhorlivější a nejvášnivější lidi, jaké můžete potkat. Pokud přijdu k někomu před dveře v pršiplášti a s aktovkou v ruce, bude si o mně hned myslet, že jsem jedním z nich, a já to budu muset rychle vysvětlit. Taková je Ďáblova schopnost mobilizovat jednotky podle svého přání a je nešťastné, že se takovou horlivostí plýtvá na špatném místě.

Druhou věcí, kterou Ďábel v těchto padesáti letech udělal, bylo, že římskokatolickou církev učinil ještě římštější než dříve, a v mnoha ohledech ji zatvrdil. V počátcích tohoto období papež obnovil řád jezuitů, což byl mistrovský úder. Usadili se v mnoha zemích. Roku 1850 papež také obnovil anglickou hierarchii a řekl: „Nyní můžeme navázat tam, kde se Anglie během vlády Jindřicha VIII. skončila. Roku 1854 jezuité přesvědčili papeže, aby začal o Marii říkat věci, které nebyly v Bibli. Říkal například, že se Marie narodila bez hříchu. Odtud pochází význam fráze „neposkvrněné početí" panny Marie. Římská církev po staletí věřila, že je neomylná, ale nikdo netušil, v čem ta neomylnost spočívá. Roku 1870 svolal papež první vatikánský koncil od dob koncilu v Tridentu, který proběhl před staletími. Všechny přítomné téměř šokoval prohlášením, že neomylnost církve spočívá v papeži. Bylo to až roku 1870, kdy byl papež prohlášen za neomylného, pokud sedí na svém „stolci", své „katedře" a mluví „ex cathedra", ze svého stolce, o tom, čemu máme věřit a jak máme žít.

Zajímavé je, že až do roku 1950 papež tohoto práva nikdy nevyužil! Říkal sice: „Mohu promluvit neomylně", ale neudělal to do roku 1950, kdy vyhlásil tělesné nanebevstoupení panny Marie, tedy že vstoupila na nebesa ve svém těle. Je zvláštní, že se toto učení příliš nepoužívá, protože ne všichni římští katolíci s ním souhlasí. Ale papež to řekl a Řím tím upevnil svou pozici. Posílila se i jeho touha podrobit si každého pod autoritu neomylného papežství. Tak vypadal další Satanův výpad!

Jeho třetí útok byl ve světě vědy. V tomto bodě musím být opatrný. Nejsem proti vědě. Na vysoké škole jsem studiem vědy strávil stejné množství času jako studiem teologie. Roku 1859 vydal Charles Darwin svou knihu *O původu druhů*. Původně se měl stát duchovním a byl vnukem hrnčíře Josiaha Wedgwooda, a také muže, který s evolucí přišel jako první, botanika Erasma Darwina, který psal o evoluci už o mnoho let dříve. (Evoluce tedy nebyla původní myšlenkou Charlese Darwina. Ten pouze předkládal schémata a myšlenky svého děda.) Těsně předtím, než knihu vydal, zjistil, že jistý muž jménem Alfred Russel Wallace publikoval esej na stejné téma a došel v ní ke stejným závěrům. Darwin se proto rozhodl svou knihu stáhnout a přenechat veškeré pocty Wallacemu. Wallace byl však velmi skromný člověk a řekl: „Ne, vydejte svou knihu. Říká se v ní stejná věc." Vsadil bych se, že většina lidí dnes jméno Alfreda Russela Wallaceho vůbec nezná, každý ale zná Charlese Darwina. Veškeré zásluhy mu připadly díky tomu, že vydal knihu.

V této knize se nikde nepíše, že by se lidé vyvinuli z opic. Pokud jste si mysleli, že něco takového Darwin řekl, pak na to zapomeňte, protože to nikdy neřekl. Jeho myšlenka spočívala v tom, že lidé i opice se vyvinuli z něčeho dalšího, něčeho společného. Jedná se o jednoznačnou

19. století (2) (1850–1900)

formulaci a je velmi důležité, abyste pochopili, co tím vlastně říkal. Byla to pouhá teorie, domněnka a tou je doposud. Důkazy jsou dodnes naprosto nedostatečné, než aby se dala považovat za vědecký fakt. Tragédií je, že naše děti se ji učí, jako by to byl prokázaný fakt, přestože se jedná pouze o zajímavou hypotézu, která má k potvrzení daleko. Ve skutečnosti to bylo takto. Zde jsou Darwinovy závěry: *„Nevidím žádného důvodu, proč by náhledy uvedené v tomto svazku měly urážeti náboženské city kohokoliv. Jest vznešenost v tomto názoru na život s jeho několika mohutnostmi, jež byly původně vdechnuty Stvořitelem v málo tvarů aneb jen v jeden." (DARWIN, Charles. O vzniku druhů. Přel. F. Klapálek. 1. vydání. Praha. Academia. 1914.)* Jinými slovy věřil ve Stvořitele, a když lidé po celé zemi začali říkat: „Charles Darwin prokázal, že žádný Stvořitel neexistuje," byl otřesený. Reagoval takto: *„Nic takového jsem neprokázal, ani neřekl. Řekl jsem, že takovým způsobem nás Bůh stvořil. Stvořitele jsem z toho nevynechal."* Lidé si však začali myslet: *„No, pokud nebylo ke stvoření druhů zapotřebí žádného Stvořitele, tak proč bychom vůbec nějakého potřebovali? Všechno se stvořilo samo."* A názor, že svět vznikl sám od sebe, byl zde a začal se šířit.

Nicméně k nedorozumění došlo na obou stranách. Lidé jeho knihu vnímali jako přímý rozpor s knihou Genesis a vypukl spor, což bylo nanejvýš nešťastné. Ani jedna strana nechápala, co říká ta druhá. Lidé začali tvrdit: „Evoluce je prokázaným faktem", což nebyla, a lidé také předpokládali, že Bible říká věci, které v ní ve skutečnosti nejsou. Důsledkem bylo, že celá věc skončila ve slepé uličce. Jen málo významných křesťanů, jako například Henry Drummond ve Skotsku, se pokusilo dojít k porozumění, že vědecká pravda a biblická pravda nemohou stát v protikladu, protože Bůh je pravda a stvořil obojí – svět, jenž věda zkoumá, i Písmo, které čteme.

Domnívám se, že v důsledku této bitvy odešly z církve tisíce lidí. Mysleli si, že už nemohou věřit vědě a Písmu zároveň. Díky Bohu jsme od té doby poněkud vyrostli a poznali, že na toto téma je potřeba říci o mnoho víc.

2000 LET TĚLA KRISTOVA

Třetím útokem tedy bylo, když Ďábel vštípil lidem do myslí, že Bibli nelze věřit, aniž by přitom člověk popíral vědu, a že nelze věřit vědě, aniž byste tím popírali Bibli. Je to však falešný rozpor. Nemusíme si vybírat mezi dvěma pravdami. Pravda je jen jedna a cokoli věda prokáže (nejen teze a teorie), musí odpovídat tomu, co říká Bůh, protože Bůh je pravda.

Čtvrtou věcí, kterou Ďábel udělal, bylo, že rozšířil ateistické a agnostické myšlenky. Použil si k tomu lidi, jako byl Thomas Carlyle, který se stal agnostikem v době, kdy se zaučoval ve skotské církvi. Udělal to také skrze lidi, jako byla Mary Ann Evansová, známější pod literárním pseudonymem George Eliot, autorka knihy *Červený mlýn*. Dělal to skrze Johna Stuarta Milla a skepticismus, na němž byla založena jeho filozofie. Jednal také skrze agnostika Herberta Spencera. Pracoval také skrze Němce, konkrétně skrze lidi, jako byli Schopenhauer a Feurbach, který prohlásil, že „člověk si Boha stvořil ke *svému* obrazu, že Bůh je prostě jen sen". Použil si lidi, jako byl Nietzsche, který řekl, že touha po moci je jedinou věcí, která člověka pohání; o Židech a křesťanech prohlašoval, že mají otrockou mentalitu i jednání. Hitler přišel k moci a vybudoval svůj život právě na myšlenkách Nietzscheho.

Mnoho těchto lidí pocházelo z křesťanského prostředí. Robert Green Ingersoll vědomě zasvětil život cestování po Anglii a přednášení o ateismu. Když jste tehdy chtěli být považováni za skutečného rebela, šli jste si poslechnout Ingersolla. Jeden velký křesťan ho kdysi viděl, jak stojí v dešti na autobusové zastávce. Přišel k němu a řekl: „Pane Ingersolle, právě jsem viděl strašlivou věc." Ingersoll se zeptal: „Co to bylo?" Křesťan odpověděl: „Viděl jsem jednu starou paní, jak se belhá přes ulici a přitom se opírá o hůl. Přiběhl k ní však nějaký mladík a hůl jí vytrhl. Stařenka spadla a on ji tam nechal ležet v blátě." Pan Ingersoll řekl: „Kde je? Kdo by udělal něco tak odporného?" A křesťan odvětil: „Byl jste to vy. Jezdíte po celé zemi, berete lidem víru, o níž se opírají, aniž byste jim místo ní něco nabídl." Trefné pokárání, ale Ďábel tyto myšlenky šířil dál.

19. století (2) (1850–1900)

Pak tu byl muž, který roku 1867 napsal a vydal svou stěžejní knihu, a jehož zapřisáhlý ateismus měl vymést náboženství z třetiny světa. Byl to Karel Marx a jeho kniha *Das Kapital*. Proslavila ho věta, kterou si vypůjčil od Charlese Kingsleyho, autora *Toma a vodních dětí*: „Náboženství je opiem lidstva." Prohlásil, že s kapitalismem musí odejít i náboženství. Jeho kniha se stala jednou z největších zbraní, které Ďábel použil, aby odvedl miliony lidí k ateistickému učení.

Poslední zbraní, kterou měl, a byla to zároveň zbraň ze všech nejskrytější, jež mu napomohla k vítězství v hlavní bitvě 20. století, byla tato – lidé začali nesprávně nakládat s Biblí. Je příhodné, že se takovému postoji začalo říkat „kriticizmus".

Začalo to v Německu, ale ta myšlenka se rychle rozšířila na anglické a skotské univerzity. Tvrdila, že Bible není ničím víc než lidskou knihou, tudíž obsahuje všechny omyly příznačné pro lidské knihy – mylné myšlenky nedokonalého lidského uvažování. Bible prý musí projít radikální revizí, a to ve světle vědy a racionálního šetření. Pryč se všemi zázraky, protože věda v nadpřirozeno nevěří! Pryč s předpověďmi proroků, protože budoucnost přece nelze předpovídat. Pryč se vším duchovním. Z této názorové školy vyšlo několik neuvěřitelných myšlenek – například Mojžíš prý nenapsal nic z toho, co se mu přisuzuje, stejně jako Izajáš. Knihy jsou prý poskládány ve špatném pořadí, protože ve skutečnosti bylo těch prvních pět napsáno až nakonec, kdežto proroci vznikli jako první. Začalo se s porcováním Bible na kousky, kritizováním toho a kritizováním tamtoho, a proniklo to přímo do církve. Ďábel věděl, co dělá – pokud by dokázal otřást vírou v Bibli, vyhrál by velikou bitvu. A to se také stalo.

Církev se nejdříve urputně bránila. Biskup Colenso byl exkomunikován za prohlášení, že Mojžíš nejspíš nikdy nežil a Jozue byl jistě jen legendou. Přišel za to o svůj biskupský úřad. Robertson Smith ztratil kvůli podobným názorům místo profesora na katedře hebrejštiny univerzity v Edinburghu. Hnutí se však rozšířilo a kolem roku 1900 už profesoři teologie přijímali výraznou míru kritického myšlení o Bibli, aniž si přitom uvědomovali, že tito kritici ve skutečnosti nejednají vědecky, ale při čtení textu vkládají své vlastní filozofické myšlenky.

Něco takového se stane velmi snadno a je to velice nebezpečné. Je snadné si nejprve utvořit názor, čemu věřím, a potom kritizovat všechno, co s ním není v souladu – přesně to se totiž dělo.

Když se přehouplo 20. století, lidé v kostelních lavicích si říkali: „Zaměříme se na náš cíl, na evangelizaci celého světa ještě za naší generace. V novém století uvidíme Křesťanský svět." Jak řekl premiér křesťanské Anglie: „Vzhůru, vzhůru, vzhůru a dál, dál, dál!" Myšlenka evoluce se již neaplikovala pouze na zvířata, ale nyní i na lidi. „Budeme lepší a lepší a lepší. Vezeme se na eskalátoru přímo do Utopie!" Tato myšlenka se udržela až do roku 1914, kdy ta nejnižší bestialita lidstva vystrčila svou šerednou hlavu. Myšlenka, že se stáváme lepšími a lepšími a lepšími a že nový svět je už za rohem, se zhroutila do příkopů první světové války. V roce 1900 tomu však lidé ještě věřili.

Běda! Křesťané si neuvědomovali, že Ďábel povolává své síly a udržuje je v plné práci. Neuvědomovali si, že v této zemi církev za církví, sbor za sborem, zažijí propad a budovy budou zet prázdnotou. Netušili, že muži půjdou do války, a ti, co se z ní vrátí fyzicky, se nevrátí duchovně. Netušili, že kazatel za kazatelem ztratí víru v Bibli, a nezbude nic, o čem by stálo za to kázat, samotné vidění Krista a evangelia se zředí natolik, že nezbude skoro nic.

/Kapitola jedenáctá/
NĚKOLIK UDÁLOSTÍ 20. STOLETÍ

První roky 20. století se v západním světě nesly ve znamení nezdolného optimismu a jistoty. Kapitalisté si stále ještě byli jisti svým bohatstvím. Dělníci začínali mít prospěch z úsilí odborových svazů. Britské impérium vládlo světu, nebo si to alespoň myslelo, a loďstvo ho chránilo. 20. století se mělo stát Utopií, jedinečnou érou míru a prosperity pro všechny.

Darwinova evoluční teorie se začala aplikovat na společnost a věřilo se, že evoluce nás vystřelí vzhůru, do báječného nového světa.

Tento optimismus však rychle pominul v důsledku dvou světových válek – takových, jaké lidstvo dosud nezažilo. Nevýslovné utrpení, krutost a téměř barbarské zlo těchto dvou velkých událostí důvěrou lidí otřáslo.

Raný optimismus šířila i samotná církev a mnoho křesťanů skutečně věřilo, že se církev ve 20. století rozšíří po celém světě a ovládne ho. Čísla o tom rozhodně svědčila. Roku 1800 nominální křesťané tvořili 19% celkové populace světa. Na počátku 20. století tento počet vzrostl na 29,5%. Zdálo se, že cíl rozšířit církev do celého světa je na dosah ruky.

Jenže období, které se zdálo být stoletím duchovního, fyzického, materiálního i morálního pokroku, se místo toho stalo érou strašlivého konfliktu. Zde jsou některé z vlivů, které vstoupily do světa 20. století a učinily práci církve mnohem obtížnější, jde o následující „ismy".

2000 LET TĚLA KRISTOVA

Novinkou byl v tomto ohledu nárůst *sekularismu* ve společnosti. Křesťané do té doby vedli bitvu s jinými náboženstvími. Nyní museli čelit lidem, kteří byli zcela bez vyznání. Tito lidé žili bez náboženství, křesťanský Bůh je nezajímal. Narůstající sekularismus se podílel na utváření velkého konfliktu 20. století. Dalším zásadním vlivem bylo rozšiřování *komunismu*. Zasáhl jednu třetinu světa a všude, kde zapustil kořeny, se zdálo, že se dveře pro misijní práci zavřou. Na počátku 20. století působily v Číně stovky misionářů, ale v 60. letech byli vyhoštěni. Nicméně když se Čína později zase otevřela, ukázalo se, že se mnoho věcí děje skrytě, a křesťanství prožívalo masivní rozkvět.

Dalším důležitým prvkem 20. století byl nárůst *nacionalismu*, který vedl k vzniku ohromujícího množství nových států, které začaly misionáře považovat za cizince. „Západní imperialisté" – to byla nálepka, kterou nyní misionáři dostávali. Představa, že by nějaký cizinec přišel a učil nás, nový národ, jakému máme věřit náboženství, se stávala krajně odpudivou.

Nastal „rozklad západní civilizace" (cituji profesora Gilberta Murraye) – zhroucení západní společnosti, jež byla do té doby původcem hlavního proudu misijní práce. Církev se musela vypořádat s morálním a duchovním úpadkem.

Aby toho nebylo málo, starověká náboženství prožívala nový rozkvět. Předtím se zdálo, jako by ostatní náboženství umírala, ale s příchodem 20. století začala v některých oblastech opět růst. Jedním z příkladů byl buddhismus na Ceylonu (dnešní Srí Lance). Dalším byl islám, šířil se na mnoha místech. Rozrůstaly se nejrůznější kulty představující zvrácenou podobu křesťanství, při podrobném prozkoumání se o křesťanství nejednalo ani v nejmenším. Po celém světě byste našli tisíce městeček a vesnic, kde nikdy neviděli křesťanského misionáře, ale navštívili je Svědkové Jehovovi či Mormoni.

Tyto a mnohé další vlivy způsobily, že se 20. století stalo pro církev bitevním polem, a mnozí se dokonce domnívali, že křesťanství bude muset bojovat o holé přežití. Někteří šli tak daleko, že předpovídali naprostý konec církve už v polovině století. Prozradím předem, že církev nikdy nebyla větší a nikdy se nerozšířila na tak velké území

Několik událostí 20. století

jako ve 20. století. V historii nikdy nebylo tolik křesťanů jako nyní. To je potřeba brát v potaz, pokud máme vidět celou pravdu.

Pokud jste uprostřed dění, je obtížné vidět věci objektivně a rozlišit, co je důležité a trvalé, od věcí, které jsou nepodstatné a pomíjivé. Když jsem si procházel události 20. století z perspektivy konce 60. let, rozpoznal jsem tři zásadní věci, k nimž došlo *uvnitř* církve, a které musíme vzít v potaz. Věřím, že k nejzásadnějším událostem historie dochází vždy uvnitř církve. Nakonec jsem přesvědčen, že Bůh píše dějiny světa a jejich klíčem je Boží lid.

Trojicí „ismů", jejichž vliv na církev byl v 60. letech zřejmý, je: liberalismus, ekumenismus a pentekostalismus. Tehdy jsem shrnul, co se dělo v těchto třech směrech a každý z nich vyhodnotil.

Jedním z hlavních myšlenkových směrů, které ovlivnily křesťanství ve 20. století, byl nepochybně liberalismus. Ačkoli bylo jeho símě zaseto již v 19. století, plného rozkvětu se dočkal až ve století 20. Tak jako mnoho dalších věcí i liberalismus měl kořeny v Německu, odkud pocházela řada světově proslulých myslitelů, filosofů a teologů. Kdybychom podceňovali vliv Německa a především německého myšlení na západní svět, dopustili bychom se zásadní chyby.

Často můžeme najít nějaký vzorec. O čem přemýšlejí němečtí filosofové dnes, o tom budou britští filosofové přemýšlet zítra, američtí pozítří a zbytek světa to zváží poté. Tento vzorec zásadně ovlivňuje vývoj událostí.

Co je srdcem hnutí, které nazýváme liberalismus? Vysvětlím to pomocí bystrého úsudku nazvaného *Smrt a vzkříšení církve*[1] od Lesliho Paula, anglikánského spisovatele, který se díval na anglikánskou církev a navrhnul, co by měla dělat ve dvacátém století. V závěru své knihy napsal toto: „Žádná víra nemůže žít z popírání minulosti a odmítání svých kořenů." Nové progresivní teologické směry však často chtějí právě to. Největší krize církví spočívá v tomto: „Co křesťanství prohlašuje za naprostý a nevyhnutelný základ své víry?"

---

1 The Death and Resurrection of the Church; pozn. překladatele.

Paul pronikl přímo k jádru věci. Krize, jíž církev čelila, byla tato: „Co je po pečlivém zvážení základem toho, čemu věříte?" Odpověď na tuto otázku rozdělila lidi, kteří se hlásí ke křesťanství, do tří táborů: na liberály, katolíky a evangelikály. Všechny tři skupiny hovoří o církvi, Bibli a zkušenosti, ale v okamžiku, kdy se církev, Bible a zkušenost zdají být ve vzájemném rozporu, považujete za naprostý základ víry jen jednu z těchto věcí a porovnáváte s ní zbylé dvě. Římští katolíci by řekli, že naprostým základem víry je církev, a církev vykládá jak Bibli, tak zkušenost. Evangelikálové říkají, že základem je Bible, a na základě Bible musíte zkoumat církev a zkušenost. Liberálové by odpověděli, že základním měřítkem je zkušenost, podle které pak porovnáváte Bibli i církev.

Říkám to velmi zjednodušeně, ale v základě platí, že „liberál" je člověk, který sice může používat Bibli a věřit v církev, ale za základní měřítko pravdy považuje svou zkušenost, ať už se jedná o zkušenost duševní, morální či duchovní.

Je nasnadě, že pokud se o pravdě rozhodujete na základě zkušenosti, některé věci, které církev po staletí učí, za tak jisté považovat nebudete. Například nebe. Osobně nemám s místem zvaným „nebe" žádnou zkušenost. Jak mohu vědět, že existuje? Bible to sice říká, ale jak to mohu vědět? Přesahuje to mou zkušenost. A co je důležitější: v pekle ještě nikdo nebyl. Nevěřte nikomu, kdo říká, že si ze života děláte peklo na zemi. To není možné. Peklo je něco, co přesahuje hranici mých zkušeností, a pokud bych pravdu určoval na základě zkušenosti, nemohu si být jistý. Dalším dobrým příkladem jsou zázraky. Bible je jich plná, ale mnoho dnešních lidí nemá se zázraky žádnou zkušenost, a proto zpochybňují nadpřirozené události. Boží hněv dosud nikdo z nás nezažil v jeho plnosti – nikdo z nás! Bůh jednoho dne zjeví svůj hněv vůči hříchu světa, ale dosud to neudělal. Od Noemových časů to neudělal, takže i tato věc přesahuje naše zkušenosti. To znamená, že člověk, který považuje zkušenost za měřítko pravdy, může Boží hněv zpochybňovat.

Předložil jsem vám dostatek příkladů, abyste dokázali rozpoznat směr, kterým se tento způsob uvažování ubírá. Zpochybni zázraky,

Několik událostí 20. století

zpochybni nebe, ba co víc, zpochybni peklo, zpochybni Boží hněv, ba co víc, zpochybni lidský hřích, protože tvoje zkušenost ti přece říká, že lidé jsou milí! Jistě mají své chyby, ale zkušenost mi říká, že to nejsou žádní hříšníci, kteří by patřili do pekla – ti milí lidé, kteří bydlí v sousedství? Pokud je zkušenost měřítkem, těžko takovým věcem uvěřím.

Americký teolog H. Richard Niebuhr (bratr Reinholda) kritizoval tak zvané společenské evangelium, které podle jeho slov popisuje „Boha bez hněvu", jenž přivádí „lidi bez hříchu" do „království bez soudu", a to skrze „Krista bez kříže"[2]. Jedná se o velmi přiléhavý popis ničivé myšlenky, která přišla do církve. Co pak vlastně z evangelia zbývá? V čem potom spočívá dobrá zpráva? Když z ní vynecháte peklo, když vynecháte hřích, když vynecháte Boží hněv, o čem pak bude evangelium?

Odpověď zní, že budete muset najít nějaké jiné evangelium, a oni je skutečně našli. Na jedné straně stáli lidé, kteří nalezli tzv. *společenské* evangelium, nové „evangelium", které prý přináší dobrou zprávu v podobě „pokřesťanštění společenských pořádků".

Jiní zase přišli s *psychologickým* evangeliem. Říkali, že Ježíš vás zbaví vašich neuróz. Ježíš vás spíše než hříchů zbaví komplexů viny. Ježíš vás zbaví frustrací a sebezapírání. Obrácení tedy znamená, že prostě získáte psychickou rovnováhu.

Ať už se jednalo o společenské či psychologické evangelium, víra prakticky spočívala v tom, že člověk není tak špatný, jak se nám kazatelé ze staré školy snaží namluvit, a peklo není místem, kde by měl člověk skončit.

Z perspektivy roku 1960 se zdálo, že 2. světová válka učinila těmto druhům liberalismu přítrž. Válka ukázala dvěma švýcarským myslitelům Karlu Barthovi a Emilu Brunnerovi, že člověk se nevyvíjí k lepšímu, že hřích je skutečný a Boží hněv vůči němu taktéž, a že válka je produktem padlé lidské přirozenosti. Barth a Brunner se

---

2 Viz The Kingdom of God in America, Chicago, 1937;
Boží království v Americe, pozn. překladatele.

zařadili mezi největší teology 20. století a jejich knihy dnes můžete najít v knihovně každého kazatele. Zhoupli kyvadlo opačným směrem a vrátili se ke kázání o hříchu, o odpuštění skrze kříž, o Božím hněvu i o Božím milosrdenství. Chvíli se zdálo, že se evangelium bude znovu kázat tak, jak ho kázali naši předci. Bohužel se tak nestalo. Proč? Protože sice přehoupli kyvadlo v mnoha věcech – v přemýšlení o hříchu, odpuštění a dalších – ale v jedné oblasti to neudělali, a byla to oblast zásadní. Nevrátili se k víře, že Bible je Božím slovem. Zachovali si liberální postoj, podle nějž je Bible jen knihou napsanou na základě lidské zkušenosti jako kterákoli jiná, a podle toho se s ní má jednat. Musí se podrobit stejnému ohledání jako Kniha posledního soudu[3] či Magna Charta[4].

V tom spočíval problém: pokoušeli se o návrat k biblickému evangeliu, aniž by se přitom vrátili k víře, že Bible je Boží slovo. Ve výsledku se ukázalo, že bez Bible nelze lidi o něčem takovém přesvědčit. Nemůžete kázat o tom, co je v Bibli, aniž byste věřili, že je pravdivá. Nemůžete lidi přesvědčovat o pravdivosti biblických učení, pokud sami nejste přesvědčeni, že je to pravdivá kniha. Kyvadlo se tedy začalo vracet zpět k nové formě liberalismu, nyní s jiným názvem – začalo se mu říkat „radikalismus", ale jednalo se o stále stejnou věc v novém kabátě. Propagovali ho Bultmann a Tillich, shodou okolností oba Němci. Opět odstartovali nový teologický a filosofický směr, který pak zpopularizovali anglické osobnosti jako biskup Woolwich a někteří další v Americe. Kyvadlo se vrátilo natolik, že teologové, kteří vyučovali jiné muže k službě, prohlašovali, že „Bůh je mrtvý". Co tím mysleli? Nechtěli tím říct, že by přestali věřit v Boha. Mínili tím, že Bůh staromódních kazatelů zemřel. Jednou jsme si na Velikonoce nechali vyrobit plakát, na němž je napsáno: „Náš Bůh není mrtvý. Vašeho je nám líto!" Lidé, kteří říkali: „Bůh je mrtvý", tím mysleli, že Bůh, v něhož věřil můj děd,

---

3 Domesday Book, záznam podrobného majetkového průzkumu
 Anglie nařízeného Vilémem Dobyvatelem; pozn. překladatele.
4 Listina práv a svobod; pozn. překladatele.

Několik událostí 20. století

je mrtvý – Bůh, který se hněvá na hříšníky a posílá je do pekla. To byla další z myšlenek 20. století.

Jistý profesor církevních dějin na univerzitě v Yale dostal svého času otázku, jak by se vyjádřil k chaosu, který pronikl do víry v protestantských církvích. Řekl: „Nikdo z nás si není jistý, čemu věří, ale pojďme nevěřit společně." A teď se vás zeptám! Je to jediný druh jednoty, jaký můžeme mít? Pokud ano, okolnímu světu to nic nepřinese. Jednota musí být založena na pravdě. Musíme se shodnout na tom, čemu věříme, a potom to bude k užitku.

Dvě skupiny křesťanů dokázaly nastupujícímu liberalismu čelit velmi houževnatě. Tou první byli římští katolíci, protože věřili, že zkušenost není základním měřítkem, kdežto církev ano. V roce 1950 vydal papež vyhlášení nové víry. Říkalo se v něm, že nanebevzetí Panny Marie po její smrti, nanebevstoupení jejího těla, je od nynějška součástí vyznání křesťanské víry. Tímto způsobem vyhlásil, že přinejmenším pro římské katolíky je církev nejvyšším arbitrem pravdy.

Druhou skupinou, která dokázala tomuto hnutí odolat – a díky Bohu do ní patří většina protestantů, ačkoli ne v této zemi – byli evangelikálové. Ti říkali: „Pro nás je měřítkem pravdy o Kristu Bible, nikoli církev, nikoli zkušenost. Obě tyto věci musí být zkoumány na základě Božího slova. Věříme, že je to svaté Písmo." Evangelikálové měli jednoho mluvčího v zřejmě nejslavnějším kazateli 20. století, Billy Grahamovi. Jeho chytlavá fráze: „Tak praví Písmo...!" se stalo skutečným a zároveň oblíbeným vyjádřením evangelikálního postoje.

Liberalismus byl tedy prvním „ismem", který jsme si představili. Tím druhým, který měl velký vliv v 60. letech, byl ekumenismus. Arcibiskup Temple k tomu řekl: „Je to nová, úžasná skutečnost naší doby." Již jsem zmínil jeden „ismus", jenž byl skrz naskrz špatný. Nyní hovořím o „ismu", který je velmi komplexní, protože ho tvoří mnoho částí. Pokusím se být absolutně spravedlivý. Pojďme si nejdříve vysvětlit slovo „ekumenický". Je to velmi používané slovo, ale málokdo mu rozumí. Pochází z řeckého *oikumene*, což znamená „celý osídlený svět" (odvozeno od výrazu *oikein*, osídlit) a tento výraz se začal používat pro označení hnutí za sjednocení křesťanů celého obydleného světa – křesťanské sféry.

Pojďme se podívat, jak se vyvíjelo. Klíčovými daty k zapamatování jsou roky 1910, 1948 a 1961. Nejdříve si ale povíme, jak vypadalo hnutí za sjednocení před rokem 1910. Každá kniha, kterou jsem o ekumenickém hnutí přečetl, tvrdí, že začalo roku 1910. Není to pravda, bylo to o mnoho let dříve. Ve skutečnosti se objevilo už během 19. století. Dalo by se říci, že začalo, když William Carey navrhl, aby se křesťané z celého světa sešli na shromáždění na mysu Dobré naděje. Jednalo se o první návrh setkání za účelem jednoty, bylo to na konci 18. století. V 19. století začali křesťané toužit po jednotě. Ale uvědomte si, že to byli evangelikálové, kteří měli tuto touhu po jednotě a začali o ni jako první usilovat.

Roku 1845 byla založena Evangelikální aliance a začala stavět mosty přes propasti mezi denominacemi. Hnutí jako Student Christian Movement[5] and Young Men's Christian Association[6], jejichž počátky byly čistě evangelikální, se začala zaměřovat na vytváření jednoty mezi křesťany z různých denominací. Roku 1875 došlo v Keswicku k shromáždění pod heslem „Všichni jsme jedno v Kristu Ježíši", kde se sešli křesťané z různých denominací. Na počátku 20. století vznikla v Británii taková hnutí jako The Federal Council of Evangelical Churches[7]. Později došlo k vypuštění slova „evangelikálních" a nahradilo ho slovíčko „svobodných". Z hnutí se tedy stala „The Free Church Federal Council"[8].

Ve stejné době začaly denominace z celého světa zakládat světová denominační společenství, včetně the Baptist World Alliance[9] a the Methodist World Council[10]. Došlo k tomu v prvním desetiletí 20. století, takže evangelikální jednotu napříč denominacemi jsme

---

5 SCM; Studentské křesťanské hnutí; pozn. překladatele.
6 YMCA; Křesťanská asociace mladých mužů
7 Federální rada evangelikálních církví
8 Federální rada svobodných církví
9 Světová baptistická aliance
10 Světová metodistická rada

Několik událostí 20. století

měli už tehdy, a začínala se formovat mezinárodní denominační společenství. Tak vypadala situace před rokem 1910.

Roku 1910 se v Edinburghu sešli misionáři z celého světa, protože pocítili břemeno, které vám vysvětlím na příkladu. Můj přítel odcestoval do Indie, kde se setkal s indickým křesťanem. „Jsem tak rád, že se mohu setkat s indickým křesťanem," řekl mu. A indický křesťan odpověděl: „Ale já jsem kanadský baptista!" Vyvezli jsme své nápady, organizace, nálepky a do celého světa, a místo abychom vedli lidi ke Kristu, dělali jsme z nich tamto nebo ono. Uzavřeli jsme křesťany do jejich malých ohrádek a oddělili od ostatních pomocí různých nálepek. Roku 1910 se misionáři sešli a řekli si: „To je směšné. Co s tím budeme dělat?"

Je neštěstím, že ačkoliv existují dvě různé odpovědi, oni mluvili jen o jedné! Jedním řešením je odstranit denominační nálepky a tím odstranit denominace jako takové. Tím druhým by bylo sjednotit všechny denominace do jedné velké a nechat jen jednu nálepku. Oni zvážili pouze tu druhou možnost a z jejich setkání vzešlo několik věcí. Pokud jde o latinskou Ameriku, setkání přimělo evangelikály, aby se sjednotili jako Evangelical Union of South America[11].

Ze setkání v Edinburghu však vzešla další hnutí, jedno mělo například zkoumat věrouku a jmenovalo se „Víra a řád". Jiné mělo na starost zkoumat chování a říkalo se mu „Život a práce". Tato dvě hnutí se postupně spojovala, až z nich roku 1938 vznikla Světová rada církví (SRC). Válka jí však zabránila v činnosti a teprve po deseti letech, roku 1948, se SRC mohla setkat v Amsterodamu pod svým jménem.

V letech 1910-1948 zaujala své místo řada nových sdružení. V Kanadě (1925) se spojili metodisté, kongregacionalisté a presbyteriáni a vytvořili Spojenou církev kanadskou. V Jižní Indii (1947) metodisté, kongregacionalisté, presbyteriáni a anglikáni založili Jihoindickou církev. Roku 1929 vznikla spojením tří různých skupin ve Skotsku Skotská církev. Tři skupiny metodistů roku 1932 založily Metodistickou církev.

---

11 Jihoamerická evangelikální unie; pozn. překladatele.

2000 LET TĚLA KRISTOVA

Na setkání Světové rady církví deklarovalo 147 denominací ze 44 zemí svůj záměr zůstat spolu. Vím, že toto číslo zní velmi působivě, ale většina křesťanů zůstala *vně* Světové rady církví. V 60. letech a následujících desetiletích jsme o SRC hodně slýchali a mnozí předpokládali, že je to jediné sdružení křesťanů. Pravda je však taková, že je jen jednou z mnoha. Připojily se východní ortodoxní církve, avšak římští katolíci zůstali stranou. Zachovali si diskrétní odstup, ale jejich postoj byl přátelský. Nepřipojila se ani většina baptistů a evangelikálů, nicméně součástí rady se staly episkopální (anglikánské), metodistické, presbyteriánské a kongregacionalistické proudy.

Roku 1961 se na setkání SRC v Novém Dillí přenesl důraz z jednoty na sjednocení. Vzešel požadavek, aby církve nezůstaly u toho, že usilují o jednotu, ale aby se sjednotily. Místní jednota byla definována jako organizované sjednocení.

V polovině 60. let se toho ujala Konference víry a pořádku, která se konala v Nottinghamu v Británii. S neobyčejnou naléhavostí žádala britské církve, aby se do Božího hodu velikonočního roku 1980 sjednotili do organického sdružení denominací. Toto datum zaujalo představivost mnoha církví. Anglikáni a metodisté se pustili do intenzivního vyjednávání, stejně tak i presbyteriáni a kongregacionalisté. Proč se římští katolíci drželi stranou? Právě proto, že podle nich je zásadním arbitrem pravdy *církev*. Proč se nezapojili evangelikálové? Převážně proto, že pro ně je arbitrem pravdy *Bible*.

Už od roku 1910 šlo ekumenické hnutí ruku v ruce s liberálním myšlením. Patřilo do něj mnoho skvělých křesťanů, mužů postavení a významu Johna R. Motta, J. H. Oldhama, biskupa Bella a mnoha dalších, které jsem zmínil již dříve. Evangelikálové svým rozhodnutím nepřipojit se nechtěli vyjádřit názor, že by církve, které k hnutí přistoupily, nebyly křesťanské. Říkali tím: nevěříme, že církev Ježíše Krista tvoří všechny denominace, ale věříme v církev tvořenou všemi lidmi, kteří se narodili z Ducha svatého. Nevěříme, že by jednota byla záležitostí viditelné organizace. Věříme, že se Kristus noc před svou smrtí modlil, aby jeho učedníci byli jedno, jako je on jedno se svým Otcem. Nejednalo se o viditelnou jednotu, ale o jednotu srdce, mysli a vůle.

Evangelikálové cítí, že dokud se nebude jednat o jednotu srdce, mysli a vůle, půjde jen o organizovanou jednotu, která je pouhou parodií na tu skutečnou. Z těchto důvodů a z mnoha dalších se většina světových evangelikálů rozhodla zůstat stranou. Nicméně mnozí z nich touží hovořit a mít společenství s upřímnými křesťany, kteří patří Pánu a zápasí uvnitř hnutí o to, aby přineslo skutečnou jednotu.

Nejdůležitější otázkou zůstává, alespoň pro mě, čím bylo celé toto hnutí inspirováno? Je to satanské, lidské nebo Boží? Možná vám tato otázka zní jako neskutečné rouhání, ale já věřím, že lze uvažovat o kterékoliv z těchto tří možností, protože se zde natolik prolínají, že člověku se v tu chvíli v hlavě nerozsvítí červená ani zelená, ale spíše oranžová, která říká: Pozor, jeď opatrně. Jak řekl Gamaliel: „Je-li to Boží, pak to přetrvá. Pokud ne, nic z toho nebude."

Osobně nevěřím, že církev Ježíše Krista někdy bude na této straně nebe viditelná. Myslím si, že pokud zítra ráno všechny dostanete pod jednu organizaci, hned následující neděli z ní někdo odejde a založí nové společenství. Skutečná jednota je však jednotou v Duchu svatém, který přebývá v křesťanech ze všech denominací, kteří se znovu narodili z Ducha a kteří znají a milují Pána Ježíše. Když budete procházet sbor za sborem, nějaké najdete a kdekoliv je najdete, zjistíte, že během pár minut s nimi můžete mít společenství. To je základní jednota.

Toto hnutí přineslo podle mého jednu dobrou věc, totiž že povzbudilo evangelikály k větší jednotě v rámci Světového evangelikálního společenství a v rámci místních národních evangelikálních skupin. Došlo ke sblížení těch, kteří milují Pána a jeho Slovo, a to jak v této zemi, tak i v zámoří, a v budoucnu se ještě prohloubí.

Nyní k třetímu „ismu", kterým je pentekostalismus (*Letniční hnutí*; pozn. překladatele). Zrodil se někdy na počátku 20. století. Je s podivem, že jsem se kvůli získání jedničky z jedné zkoušky dostal k objemnému svazku o církevní historii, opravdu velmi objemnému svazku, od skvělého baptistického učence z Ameriky Kennetha Scotta Latouretta.

2000 LET TĚLA KRISTOVA

Jedná se o úžasný popis dvou tisíciletí dějin církve. Jsem za tuto knihu velmi vděčný. Fakta jsou v ní shrnuta úžasným způsobem, a pokud jste ochotni číst 1500 stran, je to kniha pro vás. Marně jsem v ní však hledal jakoukoli zmínku o nejrychleji rostoucí a v současnosti i nejpočetnější protestantské skupině na světě, o letničních. Ani slovíčko, a to sahá až do roku 1950. Považuji to za neuvěřitelné opomenutí. Vím, že se jedná o skupinu ze všech nejmladší, ale už v 60. letech to nepochybně byla skupina nejrychleji rostoucí, a to především v Latinské Americe, ale i v Severní Americe, Africe a v Asii.

Toto hnutí se stejně jako samotné křesťanství narodilo ve stáji, v ulici Azusa v Los Angeles, roku 1906. Došlo k tomu díky lidem, kteří se houževnatě modlili za probuzení Božím Duchem. Cítili, že pokud s příchodem 20. století Duch svatý něco neudělá, situace se vyvine velmi špatným směrem. Začaly se dít věci, kterým zprvu nerozuměli ani oni sami, ale později jim začaly dávat smysl.

Do New Yorku přicestoval metodistický kazatel z norského Osla reverend T. B. Barratt a měl spoustu otázek. Sám měl zkušenost s velšským probuzením, k němuž došlo roku 1904, ale uvědomil si, že zde se děje něco víc. Odjel tedy do New Yorku. Do Los Angeles nikdy osobně nedorazil, zůstával s nimi ve spojení pouze prostřednictvím dopisů, přesto se do Norska vrátil s neobyčejnou zkušeností s Duchem svatým. Reverend Alexander Boddie z anglikánského sboru Všech svatých v Sunderlandu o Barrattovi slyšel a požádal ho, aby přijel. Probuzení se tak roku 1907 prolomilo i do Sunderlandu. Ze skromných začátků v Los Angeles, přes Oslo a přes Sunderland v hrabství Durham se hnutí natolik rozšířilo, že se nyní jedná a nejpočetnější protestantskou skupinu, která se kdy objevila. Sčítání v 60. letech vystoupalo k 30 milionům členů a mnohem většímu počtu návštěvníků. Baptisté a letniční se stali největšími protestantskými skupinami.

Růst letničních byl konkrétně v Latinské Americe naprosto ohromující. Jistý metodistický kazatel, který působil v Latinské Americe jako misionář se skupinou amerických metodistů, byl vyzván, aby tuto skupinu opustil, protože prý projevoval přílišné letniční sklony. V té době měla skupina 4000 členů. V dalších deseti

Několik událostí 20. století

letech zažil probuzení 25 tisíc lidí, zatímco skupina metodistické misie byla stále na čtyřech tisících. (Od konce 60. let po dalších čtyřicet let byl růst ještě dramatičtější.) Lidé se začali zajímat, obzvlášť v 60. letech, kdy hnutí (mylně) nazývané „nový pentekostalismus" proniklo do největších denominací, počínaje americkými episkopály, a rychle se šířilo do ostatních.

Aniž bych se hlouběji zabýval historií, přejdu přímo k učení. Co je základem letničního hnutí, které probíhalo prvních šest desetiletí 20. století? Mnoho jsem přečetl, něco málo zakusil na vlastní kůži, ale především na základě společenství a rozhovorů s letničními jsem došel k závěru, že ať už oni sami za základ hnutí považují cokoli, jedná se o *skutečnou víru v nadpřirozenou zkušenost*. Jejich učení spočívá ve dvou základních bodech a je úkolem všech, kdo nejsou letniční, aby podobně jako učedníci v Beroji zkoumali Písmo a zjistili, „zda je tomu tak".

První z těch dvou je víra, že existuje křest v Duchu svatém, což je vědomá zkušenost, o kterou by měl usilovat každý křesťan. Není to věc automatická ani nevědomá ve chvíli obrácení. Může k ní dojít ve chvíli obrácení, ale také nemusí. Pokud k ní nedojde při obrácení, je třeba o ni usilovat později. Druhým bodem, který tvoří srdce letničního hnutí, je učení, podle nějž křest v Duchu otevírá možnost růstu v nadpřirozených schopnostech, jež Písmo nazývá „dary Ducha": dary uzdravování, dary uctívání v neznámých jazycích, dary tyto jazyky vykládat, dary činění zázraků, dary neobvyklého poznání, dary nadpřirozené moudrosti, dary speciální víry a podobně.

Než s tím přišli letniční, v ostatních církvích se obecně věřilo, že tyto věci, o kterých čteme v Bibli, zmizely s apoštoly, a že moc Ducha svatého, jak se projevovala ve Skutcích, byla něco jako počáteční povzbuzení. Jako když vyletí raketa a jakmile se dostane na oběžnou dráhu, raketové motory odpadnou. Jakmile vznikla církev, těchto věcí už nebylo zapotřebí. Takový názor převládal.

Ale v 60. letech jsme se museli vrátit a položit si otázku: „Je někde v Bibli místo, kde se píše, že dnes pro nás už tyto věci nejsou?" Studoval jsem Písmo a nikde jsem nic takového nenašel. Což znamená, slovy letničních, že text v 1. Korintským 12-14 musíme jako církev brát skutečně vážně, a že takové věci jsou stále možné. Letnice nejsou pouhým svátkem v církevním kalendáři, ale jsou zkušeností pro každého věřícího, jenž takovou moc hledá.

S mocí se samozřejmě vždy pojí nebezpečí zneužití, nejrůznějších výstřelků, rozdělení, přehnané emocionality a fanatismu, které se občas objeví a které dobře známe. Vždyť když se podíváte do Pavlova listu Korintským, zjistíte, že používání darů doprovázely přesně stejné nešvary. Pavel na to ale nereagoval slovy: „Zahoďte ty dary, když je zneužíváte!" Stejně jako neřekl: „Zahoďte Večeři Páně!", protože se během ní někteří lidé opíjeli. Řešením situace, kdy se lidé opíjejí při Večeři Páně, není zrušit Večeře Páně, ale že se přestanou opíjet. Pavel řekl, že řešením špatného zacházení s duchovními dary není jejich zákaz, ale správně a vhodně je používat. Je správný způsob, jak dary používat.

Jedna z největších slabin letničního hnutí byl nedostatek kvalitního biblického vyučování, které by vše udrželo ve střídmosti a spořádanosti, zkrátka tak, jak to Bůh chtěl. Proti zneužívání darů a výstřelkům existují čtyři pojistky: *Boží slovo* vám říká, jak používat dary pro dobro druhých, *lidský rozum* pomáhá neklást takový důraz na emoce, které rozumu odporují, *kázeň* církve a *svatost* věřícího. Pokud tyto čtyři věci jsou, může církev mnoho získat. Je však třeba upřímně říct, že když se tyto věci začaly dít, ve většině starších církví to vypadalo jako s těmi starými měchy, do nichž se nalilo nové víno.

Dovolte, abych vše shrnul pomocí několika poznatků, které jsem se naučil od letničního hnutí, a věřím, že by si je měla osvojit každá církev. Je to hnutí, které zasáhlo *obyčejné lidi*. Nechci tím nikoho znevažovat, ale mluvím narovinu. Abraham Lincoln řekl: „Bůh musí obyčejné lidi milovat. Vždyť jich udělal tolik." Myslím tím toto: církev, která závisí na přirozených obdarováních, se stává skrz naskrz buržoazní a zaměřuje se na střední třídu. Pentekostalismus nám ale ukázal, že nadpřirozené dary přicházejí bez ohledu na postavení, kdokoli miluje Pána a je plný Ducha, může vést církev. Když to vyjádřím bez obalu, na poněkud syrovém rčení „kostelní

Několik událostí 20. století

buržoazie a letniční proletariát" něco je. Jedná se však o jediné hnutí 20. století, které prolomilo sešněrovanost církve střední třídou, a já se z toho raduji a myslím, že se můžeme hodně poučit. Když Bůh dává duchovní dary, nedívá se na tituly před jménem, neprohlíží si diplomy ani neměří velikost domu, ale dává své dary, jak sám chce.

Druhou věcí, jíž jsem se naučil, je, že když lidé uvolní své jazyky pro uctívání, *zároveň uvolní své jazyky pro svědectví*. Jedním z důvodů, proč křesťané nemluví víc o *Kristu*, když se ocitnou mimo církev, je, že nemluví více ke *Kristu*, když jsou v církvi. Jsem přesvědčen, že je k užitku společného uctívání, pokud Duch nabádá kohokoliv k uctívání a uschopňuje ho k tomu.

A ta největší věc, kterou jsem se naučil: *ve víře očekávat, že uvidím Boha jednat*. Nejlepší odpovědí na hnutí „Bůh je mrtvý" je vidět práci Ducha svatého. Je to odpověď, kterou nelze ničím vyvrátit. Hnutí Ducha svatého reaguje na hnutí „Bůh je mrtvý" a vyhlašuje, že Bůh, tento „staromódní" Bůh, v něhož věříme, je stále živ, je stále mocen zachraňovat a měnit životy a je stále mocen činit zázraky.

Znamená to věřit v *živého* Boha, v *zázračného* a *nadpřirozeného* Boha. To jsem se naučil.

Ukázali jsme si, že 20. století bylo pro církev obtížným obdobím, ale nikoli nezvládnutelným. S Bohem je všechno možné. Některé dveře se zavřely, ale jiné se otevřely dokořán. Ty v Latinské Americe se otevřely. Později se otevřely i ty, které byly dříve považovány za zavřené.

V Británii to možná nebylo vidět, ale církev po celém světě rostla, dokonce i tehdy v 60. letech. Povzbudivá je i skutečnost, že Bible zůstala bestselerem. Wycliffovi překladatelé Bible[12], kteří fungují od roku 1933, již přeložili Písmo do stovek jazyků. Na světě existuje přes 3600 různých jazyků, z nich 1600 překladů již bylo hotových v roce 1933 a Wycliffovi překladatelé pod heslem „Zbývá 2000" řekli: „Pustíme se do zbývajících a umožníme, aby každý člověk mohl číst Boží slovo ve svém jazyce."

---

12 Organizace překládající Bibli do různých jazyků; pozn. vydavatele.

2000 LET TĚLA KRISTOVA

V 60. letech jsem poznal, že rádia a televize ve Velké Británii nebyla vůči křesťanům tak vstřícná jako v jiných zemích, ale to se od té doby dramaticky změnilo s nástupem satelitního a kabelového vysílání a internetu.

V průběhu 20. století navíc narůstal zápal pro misijní práci a tento trend pokračuje i nyní v 21. století. Zvykli jsme si, že Amerika je nyní v čele misie, a v jistém smyslu je to pravda. Británie už není na prvním místě ve vysílání misionářů a poskytování financí. První je Amerika. Jednou z nejvíce povzbudivých věcí na 20. století je však skutečnost, že se mladé církve v Africe, Asii a Latinské Americe staly církvemi s misijní mentalitou a vysílají své vlastní misionáře. Změnilo to dosavadní zvyklosti Čínské domácí misie, která přestěhovala své ústředí z Británie do Singapuru, aby mohli vysílat služebníky z tamních církví k jiným národům. Už to není jen ze západu na východ a ze severu na jih. Nastal čas, kdy k nám přicházejí věřící z těchto zemí, aby v Británii mluvili k pohanům, kteří ještě neslyšeli o Pánu Ježíši Kristu.

/Kapitola dvanáctá/
CÍRKEV V BUDOUCNOSTI

Koncem 60. let jsem potkal spoustu pesimistických křesťanů, kteří si mysleli, že církev je na cestě k zániku a že křesťanství zahyne. Jak ale víme, nestalo se to. Jednou z nejvíce povzbudivých věcí je, že stále narůstá celosvětová dostupnost Písma v tolika jazycích, stejně jako roste hlad po Božím slově v Bibli. Lidé stále chtějí dobré zprávy, protože všude kolem je tolik špatných, a tato kniha obsahuje dobré zprávy.

Když prvotní církev narazila na první těžkosti a někteří křesťané skončili ve vězení, jistý moudrý muž, který seděl na lavici v soudní síni, vyslechl jejich případ a řekl: „V tomto případě, říkám vám, držte se od těchto lidí dál a nechte je být. Protože pokud je toto hnutí lidským počinem, pak selže. Je-li ale Boží, nemůžete je zastavit. Jen byste zjistili, že jste se postavili proti Bohu."

Jde o slova Gamaliele. Až teď budeme dívat do budoucnosti, jistě bychom si je měli připomenout. Lidé si roku 1900 nejspíš mysleli, že se církev jednoho dne prostě prosadí, že jednoho dne pokryje celý svět, každý se stane křesťanem a celý svět bude křesťanský. V roce 1900 tomu věřilo mnoho křesťanů. Toto myšlení se neslo na vlně optimismu vyvolaného růstem britského impéria a dalších změn. Když si přečtete texty misionářských písní, které v té době vznikaly, najdete v nich jasně patrný optimistický pohled. Rovnou říkám, že já v takovou budoucnost nevěřím. Moje naděje se neupíná k církvi, která obrátí každého člověka na světě, ve skutečnosti nyní prohráváme bitvu s populační explozí a dnes již není mnoho křesťanů, kteří by tak uvažovali.

Zatímco si lidé v roce 1900 mysleli, že nadešel čas církve, v roce 1950 naopak věřili, že přišel konec. Zaujali opačný postoj, pesimistický postoj, který říkal, že církev je ztracený případ a končí. Věřím, že kdybyste v té době navštívili mnohé církve, mohli byste to cítit také, ale byl by to chybný závěr.

Nyní se podíváme na několik posledních desetiletí a potom na budoucnost, kde vám sice neřeknu žádné datum, ale v níž se odehrají určité události, a nakonec si řekneme něco o konečné budoucnosti církve na věčnosti, poté co skončí současný běh dějin.

Mohl bych dlouze spekulovat o tom, čemu církev bude věřit a jak bude jednat. Nabídnu vám několik spekulací. Nevěřím, že by se církev někdy v průběhu dějin viditelně sjednotila v jedinou organizaci. To neočekávám. Nevěřím, že by se to mohlo stát.

Zadruhé věřím, že se církev stane méně institucionální a méně kněžskou. Myslím, že budoucí křesťanství bude neformální, možná bez budov a bez duchovních s jejich kolárky, ale bude růst spontánně v domácnostech, na pracovištích a mnoha dalšími způsoby.

Věřím, že vedení církve přejde ze severní polokoule světa do jižní, a církve, které dříve fungovaly coby „vysílače" evangelia a „dárci" křesťanství, budou potřebovat být „příjemci", což je hluboce pokoří.

Pokud jde o věrouku, načrtl jsem vám třístranné rozdělení na katolíky, liberály a evangelikály (nebo jaké nálepky se pro ně používají; například evangelikálům se občas říká fundamentalisté a liberálům zase neortodoxní). Bez ohledu na nálepky se ale jedná o tři různé skupiny. V pozdních 60. letech jsem předvídal, že se církve patřící k prostřední skupině, včetně těch velkých (jmenovitě anglikánů, presbyteriánů, metodistů a kongregacionalistů), pravděpodobně sblíží a v mnoha zemích i sjednotí, podobně jako to učinili v Kanadě a Jižní Indii a snažili se o to v Pákistánu. A také v Anglii, kde vedli rozhovory anglikáni a metodisté, stejně jako kongregacionalisté a presbyteriáni, aby vytvořili Spojenou reformovanou církev.

Církev budoucnosti

Troufl jsem si také spekulovat o tom, že jejich vliv na svět to nijak nezvýší. Nakonec má na lidi největší dopad pravda, nikoli jednota. Lidé se nedrží od církve dál, protože není jednotná, ale protože jsou zmateni tím, že neslyší jasný hlas („Tohle je to, čemu věříme.")

Nyní se pojďme podívat na církve, které naopak hovoří jasně. Na hracím poli nám zůstali římští katolíci a evangelikálové. První říkají: „Tak praví církev" a ti druzí: „Tak praví Písmo."

Myslím, že pokud římští katolíci budou pokračovat v přizpůsobování svých metod (což již dělají), pravděpodobně budou růst. Ztrácejí sice v jižní Evropě, ale mohou růst v severní Evropě a kdekoli jinde na světě.

Evangelikálové se budou sbližovat a zase rozdělovat, a to z nejrůznějších důvodů. Myslím, že tento trend bude v následujících několika desetiletích narůstat.

Všechno jsou to spekulace, postavené na jednom velkém předpokladu: že dosavadní tendence budou pokračovat stejným směrem. Nechal jsem však stranou jednu možnost – že Bůh Duch svatý se do této situace prolomí, a to by mohlo zcela změnit vše, co jsem řekl, protože Duch Svatý není ničím omezen a může učinit cokoliv v jakémkoliv společenství, denominaci, zemi nebo osobě, a současné trendy se mohou zcela obrátit. Čas od času se v Anglii stalo, že Duch svatý vyléval probuzení na zemi a dějiny se změnily. Modlete se, abychom se dožili podobných probuzení, jaká tato země zažila. Ale pamatujte si, že se to nestane stejným způsobem jako tenkrát. Žádné probuzení není kopií předchozích a musíte pečlivě sledovat, kde Bůh pracuje. Někdy je to na těch nejméně očekávaných místech, skrze nejméně očekávané lidi.

K tomu všemu co jsem řekl, což byly spekulace, protože nelze plánovat, co by mohl vykonat Duch Svatý, mi nyní dovolte říci několik věcí, jimiž jsem si jistý, protože to tak řekl Bůh v Písmu.

Zaprvé, evangelium pronikne do každého národa na světě. Křesťané jsou na všech kontinentech, ale na světě stále ještě existují místa, kde lidé dosud neslyšeli evangelium. Věřím, že je Boží vůlí, aby se evangelium dostalo ke všem národům, kmenům a lidem všech jazyků.

Pokud je to Boží vůle, pak se to také stane a církev to podle Jeho vůle učiní. Není tím míněno, že se každý člověk obrátí, ale že každý uslyší, a věřím, že s moderními metodami hromadné komunikace je to nadosah.

Zadruhé nám také velmi jasně řekl, že dojde k velkému odpadnutí a že láska mnohých křesťanů vychladne – jinými slovy svět bude plný odpadajících křesťanů. Ta myšlenka je hrozivá a strašidelná, ale je to tak, a já se jí v Bibli nemohu vyhnout. Británie je plná odpadajících křesťanů! Jděte ven na ulici, zastavte prvního člověka, kterého potkáte, a řekněte: „Chodil jste do nedělní školy? Slyšel jste v dětství o Ježíši Kristu?" Budete žasnout, kolik lidí tam venku ve své lásce ochladlo a kolik z nich přitom v mládí začalo správně.

Proč? Z mnoha důvodů: falešné učení, překroucené představy o křesťanství, kazatelé, kteří hrají posluchačům divadlo a káží fantazie a výmysly, protože lidé chtějí slyšet raději něco nového než něco starého.

Největším důvodem je ale má třetí předpověď vycházející z Písma: totiž že pronásledování křesťanů bude narůstat víc a víc. Postavit se za Ježíše bude čím dál obtížnější a církev Ježíše Krista se musí připravit na těžké dny, které ji čekají. Jak se dějiny budou blížit k závěru, ke svému katastrofickému vyústění, žít křesťanský život bude stále těžší.

Tolik k nejbližší budoucnosti. Nyní mohu přejít k budoucnosti církve, která je *středně vzdálená*. Jaká bude nejbližší velká světová událost? V Novém zákoně je zmíněna třistakrát – nikoli kříž, to je minulost, ačkoli je zmíněn také třistakrát, ale návrat Pána Ježíše Krista na tento svět ve fyzické viditelné podobě. Vrátí se v těle, jež ponese na rukou i na nohou stopy po hřebech. Až se to stane, stav církve se radikálně změní.

Všichni křesťané, kteří milují Boží slovo, věří, že se Ježíš Kristus vrátí a věří tomu samému o dni, kdy to nastane. Jsou však rozděleni (nebo se přinejmenším liší v názoru), co se odehraje před Jeho příchodem a po něm. Právě těmto dvěma věcem bych se chtěl letmo věnovat, ačkoliv se o toto vše mohu s vámi podělit pouze na základě vlastního porozumění. Po letech zkoumání Nového zákona vám mohu

Církev budoucnosti

říci jedině to, co jsem v něm našel, a nechat vás, abyste jej studovali sami a zvážili, co na jeho stránkách najdete.

Tři události, které nás teď zajímají, označují mnozí křesťané těmito odbornými názvy: soužení, vytržení a milénium neboli tisícileté království. Na tom druhém se shodujeme, nicméně naše porozumění tisíciletému království se v drobnostech liší. Dovolte mi vysvětlit, co tato tři slova znamenají, přičemž zdůrazním a podtrhnu to druhé. Ať se na něj zaměří i vaše naděje.

Nejprve tu máme *soužení*, někdy též nazývané jako „velké soužení". Jedná se o biblickou frázi, jež označuje poslední léta dějin, kdy nastanou hrozné těžkosti. Mnoho jazyků včetně angličtiny používá pro toto období názvy odvozené z latinského *tribulum*, což je pojmenování cepu opatřeného bodci, který byl určen k mlácení obilí a oddělování plev. Soužení (*angl. tribulation*; pozn. překladatele) je výraz pro situaci, kdy máte pocit, že se na vás všechno řítí a rve vás na kousky. Velké soužení tedy bude několikaleté období v závěru dějin, kdy to s dějinami půjde z kopce. Bude to éra tyranie, světového diktátora, jednotného světového náboženství a totalitního státu, který si ve jménu míru a bezpečí podmaní celou lidskou rasu, a to nejen fyzicky, ale také duševně a duchovně – uzákoní, aby byl uctíván.

Hrůzy totalitních států už známe. Někteří z nás tyto hrůzy prožili na vlastní kůži a každý totalitní stát dříve či později zatáhne své obyvatele do války a utrpení. Přesně totéž, ale ve světovém měřítku, míní Písmo velkým soužením. Vyvrcholení totalitní vlády na konci dějin, které vtáhne lidstvo do velké války.

Křesťané se rozcházejí v názoru, co se bude v průběhu velkého soužení dít s církví. Mnozí upřímní křesťané, jichž si hluboce vážím, ale s nimiž se s láskou neshodnu, věří, že církev bude vytržena ze světa ještě před soužením. Tato myšlenka se objevila poprvé až v 19. století, kdy ji vyjádřili hned dva lidé: presbyterián Edward Irwing a anglikánský kaplan J. N. Darby. Od Darbyho přešla tato myšlenka na všechny skupiny známé jako bratři. Především skrze knihu známou jako Scofieldova Bible se rozšířila ke spoustě dalších křesťanů. Mohu k tomu říct jen to, že jsem nic takového v Písmu nenašel. Našel jsem to ve Scofieldově Bibli, našel jsem to v knihách mnoha autorů, ale nikdy jsem se nesetkal s člověkem, který by to vyčetl z Písma jako takového.

Další věří, že církev bude vytržena někdy uprostřed období soužení, a jiní věří – k nim se upřímně řečeno počítám i já – že si církev projde celým soužením, na jehož konci se vrátí Ježíš a vezme si ji. Takto rozumím Písmu já. Chápu to tak, že jediným východiskem z tohoto trápení bude mučednictví.

Proč vlastně nastane Božímu lidu takové soužení? Odpověď je velmi prostá. Existují dvě skupiny lidí, které nikdy do žádného totalitního systému nezapadnou: Židé a křesťané. Jsou to jediné dvě skupiny, které v minulosti uprostřed totalitních systémů říkaly: „Nemůžeme uctívat žádného člověka" – ani za cenu míru a bezpečí. Bude to právě Boží lid, na který dolehne největší utrpení, a osobně věřím, že se církev musí připravit. Musí být připravena těmito těžkostmi projít, stejně jako prošla jinými nesnázemi v minulosti a vyhlížela návrat Ježíše Krista, který svou církev přijde zachránit a vezme si ji, aby byla s Ním.

Pokud jste jiného názoru, než ke kterému jsem dospěl já, Bůh vám žehnej, a shodněme se, že máme jiné názory, ale budeme v lásce. Snad vás mohu naléhavě poprosit, abyste nečetli žádnou Bibli s poznámkami, ale šli s otevřenou myslí přímo do Božího slova a řekli si: „Co říká Písmo?"

Pokud jde o druhou událost z naší středně vzdálené budoucnosti, mohu si dovolit být mnohem dogmatičtější: vytržení.

Co se stane, až se Ježíš vrátí? Řeknu vám, že pokud jste nikdy předtím nelétali, tehdy se budete vznášet. Jak už jsem řekl kdysi, jedná se o nejhlučnější verš v Bibli. Zazní trumpeta, archanděl zvolá a Pán s výkřikem sestoupí z nebe. Bude to tak hlasitý výkřik, že dokáže probudit mrtvé, a první lidé, kteří se s ním toho dne setkají, budou ti, kdo zemřeli. Druhou skupinou, jež se připojí, budou ti, kdo jsou dosud naživu. Z toho vyplývá, že jedna generace křesťanů nikdy nezemře. Jednu skupinu křesťanů už nečekají žádné pohřby.

Církev budoucnosti

Pro mě je to vzrušující, povzbudivá věc. Je to ale také myšlenka, která vás donutí vystřízlivět.

Vzpomínám si na poslední shromáždění evangelizačního tažení Billyho Grahama, které proběhlo ve Wembley. Rozhlédl jsem se kolem a viděl možná stovky tisíc křesťanů a dalších lidí, jak na tribunách zpívají chvály Bohu. Tehdy jsem si pomyslel: Je to veliké shromáždění, ale jaké to bude, až se setkáme nahoře v oblacích s Ježíšem? Všichni křesťané, kteří kdy žili! Na zemi neexistuje dostatečně velký stadion, takže Ježíš naplánoval ono setkání ve vzduchu. Tam je místa dost, a tak si můžete představovat dav lidí ze všech národů, zemřelých lidí pocházejících z dávno uplynulých věků, a všichni přijdou na toto setkání. Bude to největší křesťanské shromáždění, jaké se kdy odehrálo. Zároveň to bude to nejdelší, protože budou s Pánem navždy. Bible nám ale připomíná, že ti, kteří se s Ježíšem setkají ve vzduchu – a že to bude radostná zkušenost, dokonce i fyzicky – ti, kteří budou vzati, aby se s ním setkali, opustí všechny ostatní na zemi. Jednou z nejvíce znepokojivých věcí, jakou kdy Ježíš řekl, byla tato: *„Dvě ženy budou spolu v kuchyni a jedna půjde, ale druhá bude zanechána. Dva lidé budou spolu na lůžku, manžel a manželka, a jeden zůstane v manželské posteli sám."* Den, kdy Ježíš povolá svou církev domů, bude neobyčejný. Mohu se vás se vší vážností zeptat, jestli jste si naprosto jistí, že na tom největším shromáždění na konci dějin budete i vy? Musíte si být jistí. I kdyby si byl jistý váš manžel nebo manželka, neznamená to, že vy tam budete. Možná svého nevěřícího partnera vláčíte na nedělní shromáždění, ale na tohle setkání ho s sebou vzít nemůžete. *„Jeden bude vzat,"* řekl Ježíš, *„a druhý ponechán."* Ale jak úžasný pohled a zvuk to bude, až se setkáme s Pánem Ježíšem! Proto má můj dědeček na náhrobním kameni napsáno: „Jak úžasné setkání!" Ta věta často zastaví kolemjdoucí, kteří si chodí prohlížet náhrobky.

Třetí věc, kterou jsem s ohledem na tuto etapu budoucnosti zmínil, bylo milénium, tedy tisícileté království. Latinské slovo milénium znamená tisíc let. (Dříve se používalo také slovo *chiliasmus*, z řeckého *chilian*.) Nový zákon popisuje tisícileté období na konci dějin, kdy se Kristus po svém návratu ujme vlády nad světem. Křesťané se ve výkladu tohoto výroku rozcházejí. Někdo věří, že se jedná o čistě symbolické vyjádření a že nejde o časové období. Další věří, že toto tisícileté období zahájí církev a Kristus přijde až na jeho konci. Jiní, včetně mě, si myslí, že to znamená přesně to, co se píše, tedy tisíc let, kdy Kristus ukáže, co se světem může učinit on, když se nad ním ujme vlády. Toto je svět, který měl původně být Božím světem. Zmocnil se ho ďábel a nyní ho řídí. *„Víme, že jsme z Boha a celý svět leží v tom Zlém."* Ježíš nazval Ďábla *„bohem tohoto světa"*. Ten ho řídí. Pokud chcete vědět, proč dochází k válkám, je to proto, že svět řídí Satan. A pokud byste zítra vyřešili jeden konflikt, během příštího týdne vypukne válka někde jinde, protože to řídí on. Čím to je, že navzdory všem našim možnostem, vědomostem, vědeckým poznatkům a vzdělání nedokážeme vytvořit svět, kde bychom mohli vychovávat děti s radostí a bez obav? Protože ho řídí Satan, to je ten důvod.

Ale jak úchvatný svět by to byl, kdyby mu vládl Ježíš. Měli bychom mír, protože by vládla spravedlnost. Měli bychom všechno, co jsme měli mít od počátku. Měli bychom svět, kde by ani zvířata nelovila jedno druhé. Věřím, že na konci dějin nám Ježíš ukáže, co dokáže udělat, když se ujme vlády. Věřím, že vláda jednoho dne spočine na jeho bedrech, a těším se, až k tomu v budoucnu dojde. Víc o tom už neřeknu, kromě toho, že když vyslovuji: *„Přijď tvé království. Staň se tvá vůle jako v nebi, tak i na zemi."*, myslím tím právě toto, *protože slova „jako v nebi, tak i na zemi"* se týkají všech třech vět, které předcházejí. *„Buď posvěceno tvé jméno na zemi jako v nebi. Přijď tvé království na zem, jako je v nebi. Tvá vůle ať se děje na zemi jako v nebi."* Vztahují se ke všem třem a já věřím, že nastane Kristovo království a království tohoto světa se stanou královstvími Ježíše Krista a On je pak vrátí Otci a Bůh bude všechno ve všem.

To mě přivádí ke konečné budoucnosti, která leží za tím vším, třetímu úžasnému období v budoucnosti církve. O závěrečné budoucnosti církve je řečeno překvapivě málo, protože je nepředstavitelná!

Církev budoucnosti

Jediné, co k tomu ještě potřebuji říci je: *„Co oko nevidělo a ucho neslyšelo a na lidské srdce nevstoupilo, to Bůh připravil těm, kdo ho milují."*

O konečné budoucnosti vám tedy mnoho prozradit nemohu. Mohu se jen pokusit použít přirovnání. Vezměte si, jaký je rozdíl mezi tím, když jste zasnoubeni, a když se oženíte. Je skvělé být zasnoubený a zamilovaný, ale manželství je skutečná věc. Pavel řekl: *„Zasnoubil jsem vás, představil Kristu,"* ale jednoho dne bude svatba a vztah s Kristem v nebi bude jiný, než je nyní. Stejně jako mám dnes s manželkou jiný vztah, než byl v době našeho zasnoubení. Je to něco, na co se můžeme těšit.

V nebi budete uctívat. Když si lidé stěžují na délku bohoslužby, stydím se. Vzpomenu si na baptisty v bývalém Sovětském svazu, kteří měli v Moskvě tříhodinová shromáždění, nebo na církve v Německu po válce, když jim chyběla střecha, neměly topení a bylo deset stupňů pod nulou. Přesto pořádaly čtyři i pět hodin dlouhá shromáždění. Pomyslím na lidi v Latinské Americe, kterým se nechtělo vracet z bohoslužby domů, chtěli prostě pokračovat. Proč v Británii říkáme: „Trvalo mu to hodinu"?

Dovolte mi připomenout, že Bůh vás požádal o jeden ze sedmi dní, nikoli jen o pár hodin. Půjdete-li do nebe, budete Ho chválit stále. Pokud Pána skutečně milujete, chválit Ho navždy pro vás představuje skutečné nebe. Pokaždé, když tady dole zažijeme ochutnávku nebe, chceme Ho chválit stále, je to tak?

Budete Ho chválit a sloužit mu dnem i nocí. Čtyřiadvacetihodinové směny! Nikdy nereptejte, že toho pro Pána děláte moc, nebo že vám toho příliš mnoho naložil. Tam nahoře Mu budete sloužit dnem i nocí. Jaká je to úžasná příprava dělat už tady na zemi všechno, co můžete, a sloužit Mu dnem i nocí.

Nemám tušení, jaké služby tam budou zapotřebí. Nedostal jsem detailní informace. Vím jen, že nebudu celý den sedět v křesle s vyšitými písmenky RIP[1]. Budu něco dělat. Budu sloužit Bohu,

---

1 Rest in Peace – odpočívej v pokoji; pozn. vydavatele.

v plné práci pro Pána, dnem i nocí v Jeho svatém chrámu. Bude to místo plné činnosti. Ve skutečnosti bude tak úchvatné, že bychom ho nedokázali popsat, ani kdybychom tam byli.

Pavel mluví o muži, který byl „vytržen do sedmého nebe". Nepředstavitelná budoucnost církve! Církev nevyhlíží nejbližší budoucnost a ani tu středně vzdálenou. Hledí až za ni a říká, že tam leží konečná budoucnost, kde bude nový svět – nové nebe a nová země – a každý v něm bude součástí Kristovy církve. A vůbec poprvé se stane něco, v co jsem vždy věřil, ale nikdy to neviděl. Bude tam jediná svatá, katolická (což znamená univerzální), apoštolská církev, protože apoštolové budou přímo v jejím středu. Tak slavná budoucnost!

Věřím, že jedinou lidskou společností na světě, která má budoucnost, je církev. Především proto, že je to zároveň jediná společnost na světě, které nikdy nezemřel jediný člen. Je to jediná organizace na světě, která je větší každou minutou každé hodiny, každého dne, každého týdne, každého měsíce, každého roku, každého desetiletí, každého století, každého tisíciletí, a roste už od chvíle, kdy Kristus řekl: *„Petře, já vybuduji svou církev."*

Snažil jsem se vysledovat, jakým způsobem byla budována. Kolikrát už to vypadalo, jako by měla zahynout, ale Duch svatý přinesl lidem Boží slovo a evangelium, a ona vyrašila znovu a pokračovala v růstu.

Jsou tři křesťanské cnosti: víra, jež staví na minulosti a na věcech, které Bůh už udělal; naděje, která staví na budoucnosti a na tom, co se Bůh chystá dělat; a láska, která staví na přítomnosti. Křesťanský život postrádá rovnováhu, pokud je silný ve víře a dokonce i v lásce, ale schází mu naděje. Prostřednictvím této knihy jsem se pokoušel povzbudit vaši naději. Pro křesťana slovo „naděje" neznamená „přání". Znamená naprostou jistotu pro budoucnost.

Skončím slovy velkého muže, biskupa Ryleho, který byl kdysi skvělým biskupem anglikánské církve v Liverpoolu. Sepsal krátké pojednání s názvem *Skutečná církev*. Uzavírá je těmito slovy: *Lidé si představují, že pokud se připojí k té nebo oné církvi a začnou přijímat Večeři Páně a projdou některými obřady, že je pak s jejich*

Církev budoucnosti

duší všechno v pořádku. Je to naprostý klam. Je to obrovská chyba. Pamatujte, můžete být skalním anglikánem či presbyteriánem, kongregacionalistou či baptistou, metodistou nebo plymouthským bratrem, a přesto nepatřit do skutečné církve. Pokud je to tak, pak by pro vás bylo lepší, kdybyste se nikdy nenarodili.

www.ingramcontent.com/pod-product-compliance
Lightning Source LLC
Chambersburg PA
CBHW052031070526
44584CB00016B/2000